佛 教 经 典 译 注 丛 书

FOJIAO JINGDIAN YIZHU CONGSHU

金 刚 经 译 注

宣 方 译注

中华书局

ZHONGHUA BOOK COMPANY

图书在版编目（CIP）数据

金刚经译注/宣方译注. —北京：中华书局，2012.9
（2025.7 重印）
（佛教经典译注丛书）
ISBN 978-7-101-08713-0

Ⅰ.金⋯　Ⅱ.宣⋯　Ⅲ.①佛经②《金刚经》-译文③《金刚经》-注释　Ⅳ.B942.1

中国版本图书馆 CIP 数据核字（2012）第 122861 号

书　　　名	金刚经译注
译 注 者	宣　方
丛 书 名	佛教经典译注丛书
责任编辑	朱立峰
特约编辑	陈　平
装帧设计	周　玉
责任印制	管　斌
出版发行	中华书局
	（北京市丰台区太平桥西里38号　100073）
	http://www.zhbc.com.cn
	E-mail：zhbc@zhbc.com.cn
印　　　刷	三河市宏盛印务有限公司
版　　　次	2012 年 9 月第 1 版
	2025 年 7 月第 8 次印刷
规　　　格	开本/700×1000 毫米　1/16
	印张 11¼　插页 2　字数 150 千字
印　　　数	19001-20500 册
国际书号	ISBN 978-7-101-08713-0
定　　　价	42.00 元

目 录

金
刚
经
译
注

导　言

一

　　《金刚经》是《金刚般若波罗蜜经》的简称，又称《金刚能断般若波罗蜜经》或《能断金刚般若波罗蜜经》，意思是，"宣说像金刚一样无坚不摧的般若法门的经典"。顾名思义，《金刚经》旨在阐明般若法门，包括它的含义、如何修习等问题。

　　"般若"，是梵文 prajñā 的音译，意为"智慧"。但这种智慧不同于世俗的智慧，所以采取音译以示区别。我们一般认为，自身和周遭的世界是真实存在的，而佛教认为这种看法是错误的。我们自身和这个世界，虽然在现象上的确存在，但如果追根究底，就会发现这种存在其实是无根的，并不具有实在性，只是各种因素在一定条件下综合作用的结果。条件改变了，事物的存在状态就会改变；条件不具备了，事物的存在就会消失。佛教把支配我们自身和世间万事万物的这种规律称为"缘起"。佛教的智慧，就是要我们按照缘起的法则来认识世界，破除对于一切实在相的执著。这种佛教认为正确的认识方式，称为"如实观"；这种如实观照万物本质的智慧，称为"般若"。"波罗蜜"，又称"波罗蜜多"，是梵文 pāramitā 的音译，意思是"到达彼岸"、"既济"、"完成"、"圆满"。"般若波罗蜜"，就是般若的完成和圆满。般若的圆满也就是觉悟，就是解脱，即涅槃。因此，佛教解脱的关键在于智慧，其他的种种修行，如持戒、禅定等等，都是为这个目的服务的。

般若思想是贯穿于所有大乘经典的共同思想，但在大乘佛典当中，有一类专门阐发般若思想的经典，称为《般若经》。这类经典产生年代很早，在大乘佛教的形成初期就已经出现，并持续发展了若干世纪。《般若经》的发展，大致经历了从原始形态发展到小品般若、中品般若和大品般若的阶段。其中小品、中品、大品是根据经文的篇幅大小来区分的，一般分别以八千颂般若、二万五千颂般若、十万颂般若为代表。随着《般若经》篇幅的扩充，为了便于记诵和抄写，将般若思想加以凝练、浓缩的经典也随之出现，《金刚经》、《心经》便是此类《般若经》的代表。

《金刚经》出现的准确时间不可考，大致在西元二到四世纪。一般认为它属于《般若经》系统中较早出现的一种，但不属于最早的一批，很可能与中品般若是同一时期形成的。这是因为《金刚经》一方面保留了原始般若的一些基本特点，例如通篇没有出现成熟期《般若经》的标志性概念"空"和"方便"；另一方面，其体裁和突出特征，例如全经组织结构上的"两周说法"形式，以及频繁使用的"即非"句式所依据的两重真理观（二谛），都是中品般若阶段才发展出来的。

二

菩提心、大悲行、空性见，这三者是大乘佛教修学的总纲，也是《般若经》思想的核心。《金刚经》作为《般若经》的浓缩与精华，凝练地表达了这一核心思想。分述如下：

一、发阿耨多罗三藐三菩提心

所谓菩提心，就是觉悟之心、成佛之心。般若法门的修习，发端于菩提心，也完成于菩提心，而且要求是无上菩提——阿耨多罗三藐三菩提。阿耨多罗三藐三菩提，就是无上的、最高的觉悟。本经第二分，须菩提即向佛陀提出这一根本问题：如何把心安住在无上菩提？如何降服自己的妄心？如何在各种法门的修行中贯彻菩提心？第三分中，佛陀回答：应当度化一切众生得究竟解脱，同时又了知实无众生可度。佛陀的回答清晰地道出了大乘佛教无上菩提心的本质——普度众生之慈悲与彻解空性之智慧的完美结合。所有的修行，都要围绕这一主轴来展开，并以此为准绳。

二、应无所住

发菩提心，将心始终安住其上，在实践中降服自己动摇的妄心而持续不断修行，关键在于"应无所住"，即不让心停驻在任何虚幻的现象上。如果停驻在虚幻的现象上，就会生起妄想分别之心，陷入无知和烦恼，得不到解脱；而心无所住，就能在成佛之道上不断转进。这是检验心性的一个十分有效的实践标准。从第四分起，本经反复强调"应无所住"、"无住"，就是要贯彻这个标准。

三、诸相非相

之所以"应无所住"，之所以能"无住"，原因在于"诸相非相"。"诸相非相"的意思是：一切事物和现象（"诸相"）都不具有实在性、确定相（"非相"），其本性为空。既然没有实在性，也就不可执为实有，甚至连这空性之相也不可执著。这种透彻的空性见，是大乘佛教的哲学基石，也是一切修行最终要成就的目标。而它在修行实践各个阶段的体现，就是"诸相非相"。本经第五分点出这个根本，随后各分中，又一再用"无相"、"佛说 A，即非 A"等表述来强化这一根本认识。由于本经所要教化的对象主要是初发菩提心的菩萨，所以经中对于"诸相非相"的认识，更侧重于通过无四相（人相、我相、众生相、寿者相）来破除对自我的执著。

上述三项核心思想，在《金刚经》最初的二、三、四、五分中，就有明晰的表达，并在其后各部分，以种种方式层层展开，一再强调。在金刚般若法会上，佛陀开宗明义点出这三大要素，可谓是单刀直入、和盘托出；对初学大乘的菩萨，佛陀殷切护念付嘱，反复叮咛教化，不离这三大要素，难怪说《金刚经》是《般若经》的浓缩精华。

《金刚经》素称难解，除了语言简练、思想深奥等原因以外，也和它的结构特点、论述方式有关。

本经在结构上的一大特点，就是第十三分之后（第十七分之后尤为明显），许多内容和前面的经文貌似重复，传统上称为"两周说法"。在一部五千多字，且以凝练著称的经典中出现这种布局安排，难免令人不解。本书在第十七分的"解析"部分介绍了学术界和佛教界对这一结构的各种解释，此不赘言。

本经在理解上的一大困难，和全经频繁出现的一种句式有关，即"如来说 A，即非 A"，及其更完整的形态"如来说 A，即非 A，是名 A"，本书称之为"即非"句式。这种句式的论述方式，乍一看完全不合逻辑，违背了基本的形式逻辑定律，但实际上是非常巧妙的一种修辞方式和教学技巧。关于这一点，本书从第五分的"解析"开始，结合经文具体例子在多处作了分析，此不赘述。

三

佛教经典浩如烟海，《金刚经》无疑是其中影响最大、接受面最广的大乘经典之一，在《般若经》系统中，可能只有《心经》的影响和接受面能超过它。

在印度佛教史上，唯识学派的创始人弥勒、无著、世亲都为《金刚经》作过注解，说明在无著和世亲所处的时代（约在西元四到五世纪），本经就很有影响。其后，瑜伽行派的师子月（七世纪）、月官（七世纪），中观学派的功德施，中观瑜伽行派的莲花戒（八世纪）等大师也都曾为本经作注。

此外，从《金刚经》的梵文本来看，现存的三种梵文本，年代在西元五至七世纪之间，分布于相距很远的地区，这也从一个侧面说明本经很早就有广泛的流通。

在汉地，《金刚经》前后共有六个译本，按译出的先后顺序依次为：

1. 姚秦·鸠摩罗什译：《金刚般若波罗蜜经》

西元 402 年鸠摩罗什在长安译出，收于《大正藏》第 8 册。这个译本译出最早，而且言简意赅，符合国人喜欢简约的心态，一直十分流行。后来译出的各本，流行的广泛程度都远不及它。

2. 元魏·菩提流支译：《金刚般若波罗蜜经》

西元 509 年菩提流支在洛阳译出，收于《大正藏》第 8 册。南宋时刊刻的《思溪大藏经》(又称《圆觉藏》)曾误将真谛译本作为流支译本收入，导致真正的流支译本一度隐而不彰，直到元代刊刻《普宁藏》时才恢复旧貌。但后世编藏时仍沿袭《思溪藏》的错误，把伪流支译本当做真正的流支译本的别本收录，造成了"七种"《金刚经》译本并存的局面。

3. 陈·真谛译：《金刚般若波罗蜜经》

西元 562 年真谛在广州制旨寺译出，收于《大正藏》第 8 册。这是一个经海路传来的《金刚经》译本。

4. 隋·达摩笈多译：《金刚能断般若波罗蜜经》

西元 592 年达摩笈多在长安译出，收于《大正藏》第 8 册。此本因战乱未及完成，而且翻译方法是照着梵文词序逐字硬译，对于研究译经史很有价值，但对普通读者来说，译文就不堪卒读了。以经文开头两句为例，罗什译为："一时，佛在舍卫国祇树给孤独园，与大比丘众千二百五十人俱。尔时，世尊食时，着衣持钵，入舍卫大城乞食。"达摩笈多则译为："一时，世尊闻者游行胜林中，无亲抟施与园中，大比丘众共半三十比丘百。尔时，世尊前分时，上裙着已，器上络衣持，闻者大城抟为入。"

5. 唐·玄奘译：《能断金刚般若波罗蜜多经》(《大般若波罗蜜多经》卷五七七《能断金刚分》)

西元 648 年玄奘在长安玉华宫译出，收于《大正藏》第 7 册。这次翻译是因为唐太宗病重，需要译经以增功德，所以玄奘中断正常的译事，赶工译出《金刚经》。当晚五更三点译出后，太宗匆匆浏览一遍，即令人抄写一万本流布天下。由于是仓促赶译，所以来不及订正润色。其后玄奘还对译文做过修订，但原先的译本已经广为传布，修订本反倒不那么通行，甚至玄奘后来翻译的《大般若经》第九会《能断金刚分》，收录的也是初译本。正因为这个缘故，玄奘高足窥基在注解《金刚经》时，并未采用乃师译本，反而用罗什译本。

6. 唐·义净译：《佛说能断金刚般若波罗蜜多经》

西元703年义净在长安西明寺译出，收于《大正藏》第8册。此本译出最晚，篇幅也最短。虽然译文质量很高，但流通不广。

上述六种汉译本，在篇幅和文字上互有出入。字数最多的是玄奘译本，和罗什译本相差约三千字。这当然不是译者的翻译风格不同所能解释的，其主要原因是他们所依据的梵文底本有别。窥基当年有条件看到大慈恩寺梵经台收藏的《金刚经》各种梵文本，指出《金刚经》梵文本原来就有广、中、略之分，龟兹梵本和罗什译本相符，属于略本；昆仑梵本与菩提流支、真谛译本相符，属于中本。值得补充说明的是，这些梵本不仅是广略不同，而且属于不同的传承系统。上述六种译本，后五种都属于瑜伽行派所弘传，因此与罗什译本依据的中观学派传承的本子不同。

《金刚经》译出后，自晋至清，注解本经的高僧大德和居士学者代不乏人，仅收入各种大藏经的注疏已达数十种，未入藏的就更多。天台宗、三论宗、唯识宗、禅宗、华严宗等各宗的祖师都曾为之作注解，可见佛教精英对本经的推崇。

《金刚经》的影响之大，连不太重视经典、甚至后来以"教外别传，不立文字"相标榜的禅宗也予以特别的关注，足见其影响中国佛教至深且巨。传说禅宗六祖慧能就是听了别人念诵《金刚经》而决定出家修道的。他证道得法，也是因为听五祖弘忍为他讲解《金刚经》，听到"应无所住而生其心"一句时而于"言下大悟"。从《坛经》的思想来看，其根本宗旨——"见性成佛"，以及根本的修行法门——"无念为宗，无相为体，无住为本"，都与《金刚经》十分契合。在慧能后来的教学中，也十分重视《金刚经》，鼓励弟子"但持《金刚般若波罗蜜经》一卷，即得见性"；"若大乘者闻说《金刚经》，心开悟解"。实际上，从五祖弘忍广开东山法门以来，重视《金刚经》是禅门南北两宗共通的风气。到了神秀、慧能的弟子一代，由于帝王推崇《金刚经》，而且它的社会普及程度高，就更加大力提倡了。因此，在中国佛教各宗派中，以不立文字相标榜的禅宗为《金刚经》留下的注释反而最多，也就不足为奇了。

从《金刚经》流通的社会影响层面看，相传梁代时昭明太子萧统，将本经分为三十二分，并标以题目，这在本经传播史上影响深远。后世普及流通本大多遵循其例。

历代帝王重视本经的也很多。唐代时，玄宗曾将《金刚经》和儒家的《孝经》、道家的《道德经》作为儒释道三教最根本的要典，"诏颁天下，普令宣讲"。玄宗的御注本《金刚经》风行大唐，成为妇孺皆知的标准注释本。当然，御注的水平不见得多高，实际上还是由当时长安青龙寺的高僧道氤为之润文作疏（俗称"青龙疏"），替皇帝把注释疏通完善。宋代时，《金刚经》是出家剃度时规定考核的科目。明代时，太祖朱元璋、成祖朱棣都曾重编历史上流行的《金刚经集注》本，并亲自作序。其中明成祖的集注本，将前代五十三家集注本中的昭明太子三十二分名目删去，摈除若干家注释，又加入三十余家注释（包括真伪存疑的僧肇注本、六祖慧能注本等），成为明清以来影响颇大的本子。

高僧大德、文人学士、帝王将相对《金刚经》的讲解和注疏，主要侧重于思想义理方面，接受者以社会精英居多。真正使得《金刚经》的影响深入到社会各阶层日常生活的，还是各种持诵科仪和灵验感应故事。宋代以后，寺院讲解《金刚经》有一套繁琐复杂的程式。这套程式科仪，使持诵《金刚经》成为一种高度仪式化的宗教实践形态，一般信众即使不能理解经文深义，也能亲身参与，并感同身受，体验到强烈的宗教神圣感。而《金刚经》传入中国后历代层出不穷的灵验感应故事，更加使其深入人心。从宗教实践的实际情形来看，往往一则灵验故事的感染效应，要超过一百个高僧的讲经说法。所以记录这类故事的灵验记、感应录，在亚洲大乘佛教文化区普遍盛行，除了汉文佛典以外，我们在日文、藏文、蒙古文佛典中也能发现不少这一类的文本。

本经的其他语文译本也很多。在亚洲历史上，凡是大乘佛教文化曾影响过的国家或民族，几乎都有本国、本民族的《金刚经》译本，而且不止一两种。在我国历史上，信仰大乘佛教的各民族也都有本民族语言的《金刚经》译本，现存的于阗、粟特、维吾尔、藏、蒙、满等语种译本就印证了这一点。其中藏译本中，德格版所收的本子与菩提流支本、真谛译本相合（尤其是与后者），北京版所收的本子则与达摩笈多译本、玄奘译本相近（尤其是与后者）。

本经的日、英、法、德、俄、意等现代各语种译本极多，仅英译本即多达十余种。兹不具述。

四

本书对各段经文，依次做"今译"、"注释"、"解析"三层处理，以方便读者理解。想借助现代汉语的翻译来疏通文句的读者，可以通过"今译"流畅、快速地通览全经。想了解经文中名词术语具体含义的读者，可以阅读"注释"。《金刚经》言简意赅，义理深奥，有些经文即使看了"今译"和"注释"，可能还是会觉得比较晦涩难懂。希望进一步了解深层义理问题的读者，可以参考"解析"，这部分对经文的要点、难点进行了阐释和分析，以便读者了解每一分的主旨，以及全经的思想脉络、逻辑结构。

"原文"部分：以《大正藏》所收《金刚经》之鸠摩罗什译本为底本。章节划分和各分名目则遵循历代通行的昭明太子三十二分法。这种分法，自唐宋以来一直十分流行。批评者认为这样做"割裂圣教"、"破碎经义"，切断了完整的经文脉络；肯定者则赞许它"标举提纲"、"总括要旨"，"便于初学"。笔者认为，虽然对各分的划分、名目的设定，大家评价不一，但对于刚开始接触《金刚经》的读者来说，划分出章节段落的确更为便利。本书从便于阅读的角度考虑，势必要对经文分段，既然昭明三十二分法乃古来通行，不妨采用之，但在解说时则不拘泥于它的理解。

"今译"部分：尽可能忠实经文，采取直译，不作发挥。由于罗什译本过于精练，有些地方还是需要补充连缀的词汇，才能疏通文意，方便读者理解。文中凡笔者增补的词句，都加括号以示区分。

"注释"部分：一般每个词条首先给出简明的解释，再根据需要或稍作展开，或详加说明，对有些重要的问题还适当介绍学术界的客观研究。本书涉及梵文词义之处，主要参考了许洋主先生编撰的《新译梵文佛典〈金刚般若波罗蜜经〉》。

"解析"部分：尊重佛教界的立场，在分析经文的要旨和思想结构时，尽量贴近信仰实践的内在视角，选择普遍接受的义理解释，以图将《金刚经》的精神气质和文化价值传达给非佛教徒。本书对全经结构的理解，主要参考了当代佛学泰斗印顺法师的《般若经讲记》。

对于《金刚经》这样一部伟大的宗教经典，即便是撰写一本面向初学者的普及读物，落笔也应当慎之又慎。陈寅恪先生说："对于古人之学说，应具了解之同情，方可下笔。"佛教史学家汤用彤先生也说，理解中国传统文化应具"同情之默应，心性之体会"。前辈学者的经验之谈，笔者在撰写时始终奉为圭臬，虽力有不逮，但尽可能在朝这个方向努力。

《金刚经》词约义丰，而笔者学养有限，本书又是在较短时间内仓促成稿，其中存在的错误和疏漏一定不少，敬请读者不吝指正。

金刚般若波罗蜜经

姚秦 鸠摩罗什 译

金刚①般若②波罗蜜③经

姚秦④天竺⑤三藏⑥鸠摩罗什⑦译

〔注　释〕

①　金刚：梵文 vajra 的意译，vajra 在梵文中指的是一种威力无穷的神圣兵器，类似雷电、霹雳。这种闪电般的神奇兵器，可以粉碎任何事物，自身也没有固定的形相，因此用来形容般若智慧，能破除对于任何事物实在相的执著，并且自身也不可执著为实有。

另，古印度、中亚等佛教文化区将金刚石等硬度很高的钻石称为金刚，这类钻石具有自身坚固、能切割坚固物的特性。中国佛教徒所理解的金刚，便是这样一种神化了的无坚不摧而自身不会被摧毁的宝石，因此《金刚经》的汉文注释书中一般将金刚理解为钻石。

②　般若：梵文 prajñā 的音译，意译为"智慧"，在古印度文化中指的是不同于世俗智慧的宗教智慧。佛教所说的般若，比一般印度宗教所说的般若更复杂，它有三层含义：（1）指佛教的独特智慧所体认到的世界真实存在状态（实相），这是其核心含义。（2）指能够体认到这种世界真实存在状态（实相）的智慧。（3）指能够导向这种智慧的语言文字等。这三层含义，分别称为实相般若、观照般若、文字般若。正因为般若在佛典中的含义丰富复杂，所以采用音译以示区别和尊重。

③　波罗蜜：梵文 pāramitā 的音译，又译作"波罗蜜多"，意译为

"度"。意为"到达彼岸"、"事情完成"。所有可以脱离生死苦海、到达彼岸、获得解脱的方法都可以称为波罗蜜。

④　姚秦：指魏晋南北朝时北朝十六国之一的后秦（区别于符坚时期的前秦），因国王姓姚，故称为姚秦。鸠摩罗什来华时，姚秦的国主是姚兴。

⑤　天竺：古代中国对印度的称呼。

⑥　三藏：佛教的经藏、律藏、论藏合称三藏。精通三藏佛典的法师被称为三藏法师。这里指后者。

⑦　鸠摩罗什：中国古代著名的佛经翻译家。他翻译的佛典大多文辞流畅、意义显豁，脍炙人口，传诵至今。

〔解　析〕

对经题中的金刚比喻什么，按照本书第3页注①所说金刚的第二种含义，可以有不同的理解：一、金刚比喻般若智慧的坚固与犀利，二、金刚比喻烦恼的坚固。根据这两种不同的理解，"金刚般若波罗蜜"可以分别理解为："像金刚一样坚固犀利的解脱智慧"，或"能破除像金刚一样坚固烦恼的解脱智慧"。中国佛教史上，鸠摩罗什及其影响下的三论宗，以及其他大部分中国佛教宗派，采取前一种理解；而唐代玄奘译本和义净译本都采取后一种理解，因此将经题译作《能断金刚般若波罗蜜经》。历史上前一种理解影响更广泛。这两种不同的理解，是基于对梵文复合词 vajra-cchedika（金刚——断）的不同理解。其中金刚既可以理解为"断"的对象，也可以理解为修饰"断"的。对于一般读者而言，其实这两种理解是可以会通的：无论说般若智慧像金刚一样坚固，还是说它能断除固若金刚的烦恼，都殊途同归地阐明了般若可以令人断烦恼、获解脱这一根本作用的透彻性，从而凸显了般若作为修行大乘佛法根本要旨的地位。总之，无论哪一种解说，都是对于般若的推崇和礼赞。

本经的译主鸠摩罗什（Kumārajīva，343—413），又作"鸠摩罗耆婆"，略称"罗什"，意译为"童寿"。罗什生于龟兹国（都城位于今新疆库车附近），父亲是天竺贵族。七岁出家，九岁赴罽宾（今犍陀罗地区）广学众经，十二岁在归国途中开始接触到大乘佛典，师从信奉大乘的莎车王子研读《中论》等大乘中观学论典。回到龟兹后，罗什广泛学习大乘佛典，成为当时西域地区声名远播的三藏法师，当时中国佛教界的领袖人物道安法师也慕其大名，建议前秦国主苻坚将其招致长安。

后来鸠摩罗什被攻克龟兹的苻坚部将吕光劫至凉州（今甘肃武威），并在该地滞留近二十年。直到后秦弘始三年（401）姚兴攻克后凉，罗什才于同年十二月二十日（西元402年2月17日）被迎入长安。

鸠摩罗什在长安组织了中国佛教史上规模最宏大、佛教精英参与最多、译经程序相当完善的译场，可以说他领导的译经队伍是中国佛教译经史上空前绝后的"梦之队"。罗什译出的佛典总数达35部，294卷（这是根据梁代僧祐《出三藏记集》的记载，若根据唐代智昇《开元释教录》的记载，则达74部，384卷）。其中最重要的译籍包括这样几类：

（1）大乘般若经典及其释论（注释书）的翻译和重译，如《大品般若经》（两万五千颂般若经）、《大智度论》（《大品般若经》的释论）、《小品般若经》（八千颂般若经）、《金刚经》等。这些般若类经论的译出，廓清了中国佛教界之前由于此类经典翻译不确而导致的对于般若学的误解。

（2）龙树、提婆师徒一系中观学论书的翻译，如《中论》、《百论》、《十二门论》等。这是罗什本人服膺和弘扬的学说，也是他翻译和讲学的重点。这些译籍不仅奠定了后来中国佛教三论宗的经典基础，而且对天台、禅宗、华严各宗派都有深刻影响。

（3）一批重要大乘经典的重译，如《妙法莲华经》、《维摩诘经》、《首楞严三昧经》等。这些经典在罗什来华前已十分流行，且深受佛教精英的重视。罗什主持的译场在重译时充分汲取了之前译本的长处，并在译文风格上与之保持一致或连续性，甚至许多语句直接沿用前译，使得新译本更容易推广开来。

（4）《阿弥陀经》。此经是净土思想的根本经典，由罗什最早译出，对于中国净土信仰的兴起和发展有深远的影响。此外，罗什翻译的《十住毗婆沙论》虽然是对《华严经·十地品》的注释，但受到中国佛教界的重视，也主要是因为其中阐释弥陀信仰的《易行品》。

（5）《成实论》。此书被中国佛教界视为与小乘论典相抗的大乘论书，自译出后至唐初两百年间颇为盛行，有专门弘扬此论的成实学派。南齐时的文宣王萧子良还特地召集五百余位高僧，耗时数月，将此论删繁就简，编成略本，风靡一时。后来，人们认识到它不是真正的大乘论书，相关讲学论究也就很快衰微了。

（6）《十诵律》。这部律典由罗什和弗若多罗共同译出，但来不及审订罗什就去世了。这是传入中国的四部大律中最早的一部，也是唐以前最为流行的律典。不过唐以后由于道宣律师等人的提倡，《四分律》后来居上，《十诵律》不再流行。

鸠摩罗什主持的译场，不但译主是学养深厚、精通汉语（相较其他外来高僧而言）的佛学大师，而且有空前绝后的精英团队，同时得到后秦政权的全力支持，因此译经质量非常高，兼顾了内容的准确信实和文字的优美流畅，所以不少经典后来虽有新译，有的准确性甚至更胜一筹，但整体影响仍难以取代罗什译本。几乎可以说，汉译佛经凡是有罗什译本的，流传最广的总是罗什译本。

鸠摩罗什译场翻译的佛典，涵盖大小乘经典、经律论三藏，题材多样，内容广泛，思想深刻，文辞优美，对中国佛教的发展产生了全面的影响，使得佛学尤其是大乘佛学在中国的发展进入到一个全新的时代。

法会因由分第一

〔原　文〕

　　如是我闻①，一时②，佛③在舍卫国④祇树给孤独园⑤，与大比丘⑥众千二百五十人⑦俱。

〔今　译〕

　　这是我（从佛陀那里）亲耳听闻的：某一天，佛陀在舍卫城的祇树给孤独园，和大比丘一千二百五十人在一起。

〔注　释〕

　　①　如是我闻："我闻如是"的倒装句式，以强调我听说的内容的确如此，信实可靠，无所变更。这是一般佛经的通例，但也并非所有佛经起首都冠有"如是我闻"四字。另外，早期汉译佛经也有以"闻如是"、"我闻如是"开头的。佛教传统上把这个"我"解释为第一次结集时诵出经藏的阿难。

　　②　一时：某个时间，指说这部经的时候。印度佛教经典的时间观念不同于中国史籍的时间观念，一般不标注明确的年代。

　　③　佛：梵文 buddha 之音译"佛陀"的略称，意为"觉悟者"。

　　"佛"本是印度各宗教对于觉悟者的通称，例如耆那教经典中也有称其教主为"佛"的用例。后世随着各宗教自我认同意识的强化，对教主的称谓也逐渐有所区分。

　　佛教徒对教主乔达摩·悉达多有很多表示敬意的称谓，如一切智者、世尊、世眼、大雄、大圣、大沙门、大仙、人天师、释迦牟尼（"释迦族的圣人"）等，"佛"是其中最常用的称号之一。释迦牟尼在对信徒宣教时，最常用的自称是"如来"，意为如实知见、如实而来。佛弟子在与佛陀交谈时，除了礼赞佛陀时用一连串表示敬意的称谓之外，一般用"如来"、"世尊"的称谓较多。

按照佛教教义，只有体悟到最高的解脱境界（涅槃），从而不再在生死中轮回的人，才可以称为觉悟者。但一般遵循佛的教导而达到解脱境界的觉悟者，只能称为"阿罗汉"（意为"值得尊敬的人"。这个称号也可以用于佛）。只有极少数像释迦牟尼这样的人，他们在无人指导的情形下，体悟到宇宙最高真理而获得解脱，才称为"佛"。不仅如此，即使是无师自通的觉悟者，如果在自己觉悟之后，没有将所觉悟的真理宣讲出来教导大众，也只能称为"辟支佛"（意译作"独觉"，意为"独立觉悟者"）。只有那些既无师自通获得觉悟，又向大众宣教，使得觉悟的教法发扬光大，让所有应该得到觉悟的人都能觉悟者，才可以真正称为"佛"。可见，要成为佛必须具备三个条件：自觉（其觉悟是无师自通的，没有得到他人的指导）、觉他（觉悟了以后不独善其身，要启迪他人）、觉行圆满（让所有与他有缘、应该听闻他的宣教而得到觉悟的人都获得觉悟）。显然，只有创立佛教并且让教法流布的教主才堪称为佛。

佛教最初很可能只承认一位佛，即历史上创立佛教的教主释迦牟尼。但按照释迦牟尼自己的说法，他所体悟的真理是宇宙普遍规律，他只是发现了这一亘古以来的永恒真理，并没有创造什么新的理论。据此而论，在释迦牟尼之前也应该有伟大人物能够体证到这一最高真理。也就是说，过去也应该有佛（这一点很可能释迦牟尼本人就暗示过）。同理，既然佛所发现的真理是永恒的，那么即使未来佛教消亡了，也会有新佛出现。不过学者们认为，未来佛的观念是释迦牟尼入灭四五个世纪之后才出现的。这种过去、现在、未来三世都有佛的观念，为佛教各派共同接受。但很可能直到大乘佛教兴起之后，才产生这样的观念：不仅我们生活的这个世界有佛，在别的世界也会有其他佛同时存在。这种十方世界都有佛的观念，是大乘佛教产生后佛陀观的一大发展。

④ 舍卫国：舍卫（Śrāvastī）城是憍萨罗（Kośalā）国的首都，这里是以城名代指国名。舍卫城乃因人得名：按照印度史诗《摩诃婆罗多》的记载，舍卫城是因为传说中的室罗伐悉塔王（Shravasta）而得名；不过，按照佛教经典的说法，舍卫城是由于圣人奢瓦他（Savattha）在此隐居而得名。

舍卫城是佛陀宣教的一个中心，佛陀曾长期生活于此，在该城结夏安居的次数最多。阿含部类中的很多经典，特别是汉译《杂阿含》中的绝大多数经典，都是在这里宣说的。大乘佛典中，除本经外，《阿弥陀经》、《文殊般若经》、《弥勒上生经》、《弥勒下生经》，以及《大宝积经》中《郁伽长者会》等诸会也都标明是在此城宣说。

⑤ 祇树给孤独园：略称"祇园"，亦称"祇洹精舍"，位于舍卫城之南。祇树（Jetavana）是"祇陀（Jeta）王子所拥有的树林（vana）"之意。给孤独（Anāthapiṇḍada）是舍卫城一位乐善好施的长者，名叫须达（Sudatta），因乐善好施、帮助鳏寡孤独者而得"给孤独"之誉。祇树给孤独园是祇陀王子和给孤独长者联合布施给佛教僧团的。

据《五分律》等佛典的记载，给孤独长者到王舍城为儿子提亲，寄住在删檀那长者家中。他发现主人半夜三更就起来洒扫庭除、布置厅堂、备办饮食，以为是要迎接国王，但主人告诉他是为了迎接佛陀。给孤独长者本是信仰其他宗教的，在主人劝说下，决定第二天留下来听佛说法。结果他对佛陀一见便生敬信，而且首次闻法就对佛教真理产生了清晰的认知，于是皈依了佛教。给孤独长者临行前，邀请佛陀及其弟子来舍卫城弘法。鉴于当时舍卫城没有可供僧团生活和修行的场所，遂发愿要为佛教僧团建立一处精舍（精进修道的地方）。他相中了祇陀王子的花园，并按王子开出的苛刻条件，以铺满花园的黄金来交换。王子被他的诚心感动，便以园中林木奉施教团，故此园命名为"祇树给孤独园"。

祇园精舍与王舍城的竹林精舍，并称为佛教最早的两大精舍。佛陀布教四十五年间，在祇园结夏安居的次数最多，很多重要经典宣说于此，很多戒条也是在此制定的，因此祇园在佛教史上有很重要的地位。后世佛教文化区的国家也有很多寺院出于纪念目的，而取名为祇园寺或祇洹精舍。

⑥ 大比丘："比丘"，梵语 bhikṣu 的音译，是由动词 bhikṣ（"乞讨"）转化而来的名词，意为"乞者"，是对专注于宗教实践、不从事生产劳作、乞食自活的宗教人士的通称，这里指僧人。佛世时不仅佛教僧侣，其他许多宗教团体的成员也都是乞食自活，世俗社会对他们都很尊重，因此"比丘"没有汉语"乞丐"一词的负面含义。"大比丘"，指德高年长的比丘。

⑦ 千二百五十人：梵本直译作"加半个成十三个一百"。佛陀悟道后首先到鹿野苑度化五比丘，之后又度化耶舍及其朋友等五十五人。和最早的这批弟子结夏安居后，佛陀只身前往王舍城弘法，于途中度化了外道迦叶三兄弟及其徒众一千人。入城后，怀疑论者散惹夷（佛经中常说的"六师外道"之一）的学生舍利弗、目犍连二人率同门二百五十人来归依。传统上一般取此约数，作为"千二百五十人"的典据。

〔原　文〕

　　尔时，世尊①食时②，着衣③持钵④，入舍卫大城⑤乞食。于其城中，次第乞⑥已，还至本处。饭食讫，收衣钵，洗足⑦已，敷座而坐⑧。

〔今　译〕

　　那一天，世尊在应该乞食之时，穿上大衣，托着钵，进入舍卫城这个大城市乞食。他在舍卫城中，挨家挨户依次乞食后，回到原来住宿的地方。吃完饭以后，收起大衣和食钵，洗干净脚，铺好坐具，安坐下来。

〔注　释〕

① 世尊：对佛陀的尊称之一，意为"世人所尊敬的人"。

② 食时：乞食的时候。其他汉译本有的明确为"日前分"、"日初分"。参考律典的记载和相关注释，约在上午九到十点。

③ 着衣：穿上大衣。

佛教僧侣的衣服分为三种，称为三衣：（1）僧伽梨（saṃghāṭi）：意译为"大衣"、"重衣"，是上街托钵或奉召入王宫时所穿之衣，相当于礼服。由九至二十五条布片缝制而成，又称九条衣。（2）郁多罗僧（uttarāsaṅga）：意译为"上衣"、"入众衣"，是礼拜、听讲、布萨时所穿之衣，相当于常礼服。由七条布片缝制而成，又称七条衣。（3）安陀会（antarvāsa）：意译为"内衣"、"中宿衣"、"中衣"、"作务衣"，为日常劳务时或就寝时所穿着，相当于常服。由五条布片缝制而成，又称五条衣。戒律规定这三种衣服都必须以坏色（浊色）布料制成，所以又称为袈裟（kaṣāya，意为"坏色"）。

乞食是佛教日常修行生活中很重要的一个环节，戒律要求乞食应穿大衣以示郑重，所以此处特别提到着衣。实际上，乞食中出于方便和卫生的考虑，一般是先带着大衣，待将入城时再穿上，或将大衣搭在手臂上象征性表示着衣（玄奘译本的相应文字直接作"整理常服、执持衣钵"）。

④ 钵：梵文 pātra 的意译，佛教的食具，又称为应器、应量器。戒律对于钵在体、量、色等方面都有规定。材质一般以泥、瓦、铁居多，各部律典普遍禁止用金银玉石等贵重材料，木钵和石钵也大多禁止。不用木钵，主要是为了和其他宗教相区别，同时可能也有卫生方面的考虑；不用石钵，则可能是因为佛陀曾用石钵，佛弟子们为了表示对佛的敬意，所以避免使用石钵。钵是戒律允许僧人持有的六物（三衣、钵、坐具、漉水囊）之一。

⑤ 入舍卫大城：进入舍卫城这座大城市。祇园精舍这类最初的僧院一般都在城市近郊森林中，离城镇不远，既便于僧人入城乞食，又可

以避开城镇的喧嚣嘈杂，以利于静坐习禅，同时也方便城中信徒就近请教。

⑥ 次第乞：按照佛教戒律的规定，僧侣乞食时应当不论贵贱贫富，挨家挨户依次乞食，以示平等。但除了佛陀本人以外，一般又要求避开唱令家(赌博和歌舞娱乐场所)、淫女家、酤酒家、王家、旃陀罗(屠夫、刽子手等持杀生职业者)等五种人家，以免瓜田李下之嫌。

⑦ 洗足：印度各宗教出家修道者外出乞食都是赤足而行，故回到住所后须洗足。

⑧ 敷座而坐：铺设坐具之后安坐。"敷座"，铺设坐具。僧侣的坐具称为尼师坛(niṣīdana)，律制规定不得坐高大的坐具，不得用名贵的材料、漂亮的纹饰来制作和修饰坐具。"坐"，趺坐，又称跏趺坐，俗称盘坐。具体坐法是：盘膝交叠双腿(结跏)，将足背(趺)放在另一股腿上。单以一趺置于一股上的，称为半跏趺坐，俗称单盘；交叠双趺于两股的，称全跏趺坐，俗称双盘。这种坐姿，端庄稳重，心安气闲，便于入定，且久坐不累。释迦牟尼在菩提树下降魔证道时，采用的就是趺坐，因此称为"降魔坐"。所以趺坐不是闲坐，而是禅坐。梵本还有"挺直躯干，专注于当下一念"之语，后世各汉译本也有对应的译语，意思就更显豁。罗什译本此处省去，但意在言中。午前进食之后，僧人各自找树荫下等清凉安静的地方趺坐习禅，傍晚又聚集在一起向佛请教，听佛说法，这是佛世时僧团生活的常态。

〔解　析〕

《金刚经》原来不分章节，现在通行的章节划分方式相传是梁代昭明太子萧统确定的。"法会因由分"，即说明佛宣讲《金刚经》的这次法会发起原因的部分。

中国佛教的解释传统，将经文分成三个部分，即序分、正宗分、流通分，称为"三分科经"。这种分段法始于东晋时道安法师，至刘宋以后得到广泛采用，通行至今。

序分，又称序说、序段。指一经的开头，记述此经说法因缘的一段文字。正宗分，又称正说、正说段。指紧接着序分，开显所说法门的文字，这是全经的主要部分。流通分，又称流通说、流通段。指在正宗分之后，佛付嘱弟子受持本经，使之流传后世，而听众则欢喜奉行的一段文字。

佛经的"序分"，一般有大致相同的叙事结构，传统上称为"六成就"或"六事成就"。即：（1）"如是"，称信成就。相信如此这般的经典记载是佛所说。（2）"我闻"，称闻成就。闻法者亲闻佛陀如此宣说，表明可信。（3）"一时"，称时成就。指说法之时间。（4）"佛"，称主成就。指说法之主。（5）"在某处"，称处成就。指说法的处所。（6）"与众若干人俱"，称众成就。指与会听闻佛陀说法的大众。中国佛教经典的注解传统认为，完满具备这六个因素，保障了佛教教法的兴盛，所以称之为六成就。此外，根据这六个因素分合的不同，也有五成就（略去第六项）、七成就（将"我闻"析为"我"和"闻"两项）的说法。《金刚经》的序分，完整具备这六个因素，是典型的一例。

这一分旨在说明佛宣说《金刚经》的这场法会发起的缘由。与一般大乘经典佛陀每一出场，动辄数万菩萨大士、天龙八部随扈，而且惊天动地、大放光明的各种奇特盛大场面相比，《金刚经》描述的是佛陀成道以后，四十五年的说法生涯当中，极其普通、极其寻常的一天：佛陀像僧团中每一位成员一样，每天到了进食的时候就着衣、持钵、入城、乞食、返回、进食、收衣钵、洗足、禅坐，以实际行动教育大家，佛也是僧团中的普通一员。借用后来禅宗公案来比况，佛陀示现的是，成道以后任运自然，看山还是山，看水还是水。

善现启请分第二

〔原　文〕

时，长老①须菩提②在大众中即从座起，偏袒右肩③，右膝着地④，合掌⑤恭敬而白佛言："希有！世尊⑥！如来⑦善护念⑧诸菩萨⑨，善付嘱⑩诸菩萨。世尊！善男子、善女人⑪，发阿耨多罗三藐三菩提⑫心，应云何住⑬？云何降伏其心⑭？"

〔今　译〕

这时候，须菩提长老在大众当中从自己的座位上站起来，袒露右肩，屈右膝着地，合掌作礼，恭敬地禀告佛陀："真是稀有啊！世尊！如来您善巧地呵护关怀各位菩萨，善巧地托付叮咛各位菩萨。世尊啊，那些发无上正等觉心的善男子、善女人们，应该如何安住？如何降服他们的心呢？"

〔注　释〕

①　长老：梵文 āyuṣmat 的意译，指年高者、德劭者。大比丘中为首的僧人或出家受戒二十年以上者称为长老。

②　须菩提：梵文 Subhūti 的音译，意译"善吉"，是佛陀门下四大声闻弟子之一，以"解空第一"著称。

须菩提是舍卫国婆罗门之子（或说是商人苏玛纳之子），据说他出生时室内财物为之一空，父母担心是个凶兆，就请相师卜算。相师说："善啊！吉啊！"由此得名善吉。根据有的经典的记载，须菩提是在祇园精舍落成之日出家的，他通过修习慈心观而证得阿罗汉。

在佛的高足弟子当中，须菩提在三个方面特别突出（"三事胜"）：（1）"无诤三昧，最为第一"：即不与他人发生冲突争执。（2）"解空第一"：经典中称赞须菩提"恒乐安定、善解空义、志在空寂"。有一次他在灵鹫山（位于王舍城东北）中缝衣服，听说佛陀从天宫为母亲说法归来，就打算出门迎接，随即想到佛陀教导说诸法性空，"若欲礼佛者，当视于空法"，意识到不应以色身形相去衡量佛陀，而应当以智慧观佛法身，于是安坐室内。当时，比丘尼中神通第一的莲花色以神通力变现为转轮王，第一个礼觐佛陀。但是佛陀告诉她，须菩提才是第一个见到如来的。这种以空法见如来的教导，和本经中所说的"不可以身相得见如来"是一致的。（3）"受施第一"：对于供养他的人，能予以现报。

须菩提在原始经典中的地位不是特别突出，但是在大乘经典中，特别是早期般若经典当中，他和舍利弗一起，是佛陀宣说空义的当机者。这在很大程度上是因为须菩提的上述特长。尤其是，大乘禅观法门和般若法门的兴起，与阿兰若行者有很深的渊源，而须菩提是这类人物的代表。另外，大乘佛教兴起的过程中，居士群体的作用也很重要，须菩提"受施第一"，堪称处理僧俗关系的模范。这些因素共同促成了他在早期般若经典中的突出地位。

③ 偏袒右肩：袒露右肩，袈裟仅覆盖左肩，以便从事拂床、洒扫等劳作，故偏袒右肩有表示愿意效劳服侍之意。这是古印度对师长表达敬意的礼法，为佛教所沿用。《释氏要览》引律典说："一切供养，皆偏袒，示有便于执作也。"

④ 右膝着地：表达敬意的礼节，即佛典中经常提到的胡跪，敦煌壁画中有很多这类实例。

⑤ 合掌：双手十指并拢置于胸前，也是表达敬意的礼节，又称合十。也有认为是双手十指交叉，与"叉手"礼同。

⑥ 世尊：梵文 bhagavat 的意译，音译为"薄伽梵"，意为"世人所尊敬者"，印度宗教对于圣者的尊称之一，佛教将其作为佛专用的尊称。

⑦　如来：梵文 tathāgata 的意译，又译作"如去"。佛的尊号之一。佛如实知见一切都是如此，并如实宣说，如实而行，所以称为如来。这也是经典中佛说法时最常用的自称。

⑧　善护念：善巧地爱护关怀。佛的庇护是修行的重要保障。三论宗祖师吉藏所作《金刚般若疏》援引《大智度论》解释说：菩萨修行大乘佛法，要仰仗佛的护念，才能够使自己的善根得以成就，否则就会坏失。

此处梵本作 anuparigṛhītās paramenānugraheṇa，其中 anugraheṇa 的原型 anugraha 有"恩惠、援助、激励、护念"的意思。此句玄奘译为"乃至如来应正等觉，能以最胜摄受，摄受诸菩萨摩诃萨"；义净译为"如来应正等觉，能以最胜利益，益诸菩萨"。

⑨　菩萨：梵文 bodhi-sattvā 之音译"菩提萨埵"的略称。"菩提"，是"觉悟"的意思；"萨埵"，是"有情"、"众生"的意思，所以菩萨的字面意思就是"求觉悟的众生"，最早的大乘经典中对于菩萨的界定正是如此。但大乘佛教对于菩萨品德的一个基本要求就是自觉觉他，即不仅自己求觉悟，还要觉悟其他众生，因此菩萨一词经常被解说为"上求菩提，下化众生"。

⑩　善付嘱：善巧地嘱托。嘱托的内容是什么？佛教解经学的传统有不同的解释：有的认为是佛把佛法托付给菩萨们，使他们负起让正法久住的责任；有的认为是把善根未成熟、还需要帮助的菩萨们托付给善根已经成熟的菩萨。虽然解释不一，但认为付嘱侧重于菩萨行中利他的面向则是一致的。与此相对，护念则是强调菩萨行中自利的面向。

此处梵本作 parīditas paramayā parīndanayā，第一个词是"恳切地给予"的意思。

⑪　善男子、善女人：良家子弟。本指出身高贵、性情良善、品行端正的男女，与佛经中出现的"族姓子、族姓女"同义。但佛教强调各个社会阶层的人信仰佛教、加入佛教团体后一律平等，因此不强调出身高贵之义，而重视品行良善的含义，类似于孔子对于"君子"的解释，

重品德而不重地位。

⑫ 阿耨多罗三藐三菩提：梵文 anuttarā-samyak-saṃbodhi 的音译，意译作"无上正等觉"、"无上正等正觉"、"无上正遍觉"，意为最高的、完美的、普遍而平等的觉悟。本书根据行文需要，有时译为"最高觉悟"，有时采用"无上正等正觉"等传统的译法。

⑬ 应云何住：应该如何安住（其心）。罗什译本以外，各汉译本以及梵本、藏译本此下都还有"应云何修行"一问。

⑭ 云何降服其心：如何降服他的心。此中"降服"所对应的梵文词是 pragrahītavyam，其词根 prati + grah 有"摄受"的意思。

〔原　文〕

佛言："善哉，善哉！须菩提，如汝所说，如来善护念诸菩萨，善付嘱诸菩萨。汝今谛听①！当为汝说：善男子、善女人，发阿耨多罗三藐三菩提心，应如是住，如是降伏其心。"

"唯然，世尊！愿乐欲闻。"

〔今　译〕

佛陀说："问得好啊！问得好啊！须菩提，正如你所说，如来善巧地呵护关怀各位菩萨，善巧地托付叮咛各位菩萨。你现在仔细听，如来将为你宣说：那些发无上正等觉心的善男子、善女人们，应当这样来安住，这样来降服他们的心。"

"好的，世尊！很乐意听您讲说。"

〔注　释〕

① 谛听：仔细地听，好好地听。据梵本及其他汉译本，此下还有"善思念之"一句，意为"好好地想一想"。"谛听，谛听！善思念之"是经典中常见的句式。

这一分当中，会让人觉得奇怪的是，须菩提一上来就说"希有"。本来，这不过是佛陀四十余年说法生涯中再寻常不过的一天，佛陀几乎每天都在重复这些行为，有什么稀奇的呢？在别的大乘经典序分中佛陀说法时动地放光等神奇景象的反衬下，《金刚经》序分显得朴实无华；更不用说在《华严经》中，佛陀出场时数万菩萨大士、天龙八部随侍。相形之下，本经的"千二百五十人俱"简直有点寒酸。而须菩提居然赞叹"希有"。如果须菩提不是恭维佛陀，而是由衷地赞叹，那么他从什么地方看到了"希有"呢？

原来，正是在这平凡的日常生活当中，佛陀展现了蕴藉深沉的修道内涵：

乞食属于戒的修习；敷座而坐是禅坐，属于定的修习；在禅坐中正确观照诸法实相，属于慧的修习。这便是佛教修道的总纲——戒定慧三学——的体现。

又，往还于祇园及舍卫城之间，是身体的修道行为（身业）；进入禅定正观法相，是意念思维的修道行为（意业）；出定后为须菩提说法，是语言的修道行为（语业）。这三种行为，便是每个佛教徒应当在日常生活中时时对照检验自己修道进展的三个方面。

佛陀要求弟子们三学相资、三业精进，他自己也正是这样身体力行的。这无言的身教，便是最好的说法。佛陀就是这样，恒顺众生而常说法。这真是一幅平凡而伟大的人间佛陀的写照。

须菩提从平淡中见奇崛，体会到佛陀无言身教的良苦用心，因此赞叹："如来善护念诸菩萨，如来善付嘱诸菩萨！"须菩提慧眼独具，不愧是佛陀座下弟子当中解空第一的高手，难怪许多大乘佛典设定他作为佛陀说法的当机者。

须菩提提出的两个问题："善男子、善女人，发阿耨多罗三藐三菩提心，应云何住？云何降伏其心？"是学佛修道的关键所在。

发阿耨多罗三藐三菩提心，即发求得最高觉悟——无上正遍觉之心，也就是成佛之心。如果单是求正觉，那么声闻乘、缘觉乘所证得的果报，也是正觉；无上正遍觉，则唯有佛才具备。而佛的正觉，区别于声闻、缘觉二乘在于：佛是立志以大悲心来度化一切众生的。所以，发大菩提心要成佛，首先必须有大悲心。《华严经》说："譬如金刚从金性生，非余宝生，菩提心宝亦复如是，大悲救护众生性生，非余善生。"大悲心是菩提心的根本。如果只是贪慕成佛的美名，不是为度化众生而发心，就不会真正与菩提心相应，也不可能真的成佛。所以，下面佛陀对于须菩提的回答，"（一切众生）皆令入无余涅槃而灭度之"，也正是畅显这种大悲心为佛的本怀，既是发心求无上正遍觉的初衷，也是成佛度众生的终极归趣。

发心成佛是一个宏伟的理想，也是一个漫长的历程，经典中常说需要三大阿僧祇劫的时间，长得难以想象。如此漫漫征途，就初发心的菩萨而言，应当如何坚持理想、不忘初衷，始终将心安住在这样一个宏伟目标上呢？如何降服在修道过程中出现反复、动摇、迷惑的心，让自己不后悔，不退转为只顾自己觉悟的小乘行者，更不堕落为不信佛法的凡夫外道呢？这两个问题，互相关联，只有坚持初衷（菩提心），才能心无动摇；也只有心无动摇，才能贯彻初衷。前一方面是安住于正法，后一方面是远离于邪道。对于初发心的菩萨，如何在修行的实践中安住菩提心，实在是个大问题。须菩提所问，诚可谓是"大哉问"！

接下来，佛陀就要为弟子们宣说甚深难解的般若法门，畅演毕竟空的真理。那是让一般人胆战心惊、不敢面对的宇宙人生的真相。在这个问题上，法不容情，佛陀断然破斥弟子们不切实际的情执，让他们正视这凡人眼里的生命中不可承受之空，让他们对于"实在"不再有一丝一毫的幻想和执著。

但佛说性空，重在离执悟入，因此离不开戒定慧三学的实修。如果对佛法没有真实的信心，对戒律没有严格的持守，不勤修禅观、策发空慧，徒然谈空说无，就会沦为执著空相的"恶取空者"。从修道的实践来说，诸法的空性，离不开缘起的事相，必须从日常生活中去体会。所以佛恒顺众生，在衣食住行的日常起居中，展示性空的真理与缘起的事相互相融摄的中道，让大家对般若性空的真理坦然接受，无所畏惧。

　　帅徒之间这样地以法相承，唯法是从，珍惜和成全的是各自的法身慧命。道是无情却有情，这是何等的智慧！何等的慈悲！难怪须菩提会赞叹，"如来善护念诸菩萨，如来善付嘱诸菩萨"！

　　禅林的古德，从这里看到佛陀和弟子们之间的"父子深情"，感动于衷，潜然泪下，可谓能遥契圣心。读者在此也请反复玩味，不要等闲视之。

大乘正宗分第三

〔原　文〕

佛告须菩提："诸菩萨摩诃萨应如是降伏其心①！所有一切众生之类②：若卵生③、若胎生④、若湿生⑤、若化生⑥，若有色、若无色⑦，若有想、若无想、若非有想非无想⑧，我皆令入无余涅槃⑨而灭度⑩之。如是灭度无量无数无边众生，实无众生得灭度者。何以故？须菩提！若菩萨有我相、人相、众生相、寿者相⑪，即非菩萨。"

〔今　译〕

佛告诉须菩提："所有修行菩萨道的人应当这样来降服他的心：所有一切类别的众生，不论是卵生的、胎生的、湿气所生的、幻化所生的，也不论是有形相世界里的众生，还是无形相世界里的众生，也不论他们是有心识的、没有心识的、既不是有心识也不是没有心识的，我都让他们进入无余涅槃，使他们得到灭度。我虽然这样灭度数不清的、无有边际的众生，从究竟实际说，并没有众生得到灭度。为什么？须菩提啊！如果菩萨有关于我、人、众生、寿者的观念，他就不配称为菩萨。"

〔注　释〕

①　诸菩萨摩诃萨应如是降伏其心："菩萨摩诃萨"，"菩提萨埵"与"摩诃萨埵"的合称，即菩萨大士。菩萨即大士，两者属于同义互指。

按照大乘佛教教义，所有人只要发愿自求觉悟而且觉悟其他生命，不管他目前水平如何，在成佛以前都可以称为菩萨。因此，从初发心的凡夫，一直到修行至菩萨的最高果位、离佛只有一步之遥的十地菩萨，都可以称为菩萨。这里的菩萨大士，根据梵文本和上下文脉络，可译为修行菩萨道的人。句意为：所有修行菩萨道的人应当这样来降服他的心。此句依照梵文本直译应为："心应被趣求菩萨乘者这样发起"，是回答发心的问题。罗什译本容易让人以为是回答第二问。

② 所有一切众生之类：即所有一切类别的众生。"众生"，特指有情生命体，一般不包含植物。佛教对于众生的分类，常用的标准有：三界、六道、四生、九有等。三界，即欲界、色界、无色界。六道，即天、人、阿修罗、畜生、饿鬼、地狱。四生，即此处所说的卵生、胎生、湿生、化生。九有，即把三界中的色界、无色界分别展开为四种天，加上欲界，合计有九个层次的存在。本经对众生按照三个标准做了分类：一、生的方式；二、色身有无；三、心识的有无。后两种分类标准参见本书第22页注⑦和第23页注⑧。

③ 卵生：从卵孵化而生的众生，例如禽类、恐龙等。古印度人认为人也有卵生的。

④ 胎生：从胚胎孕育而生的众生，例如人、哺乳动物等。

⑤ 湿生：古印度人认为有些生命是在潮湿的环境中依凭湿气而生成的，如蚊虫、飞蛾、蟋蟀等。古印度人的观念认为，有些人也是湿生的。

⑥ 化生：自然幻化而成的众生，如天神、地狱众生、饿鬼等。按照古印度人的宗教观念，四类众生中，化生最多。所有天界和地狱的众生，以及一小部分的人、鬼、畜生，都是由化生而来的。

⑦ 有色、无色：有形相世界的（众生）、无形相世界的（众生）。"色"在这里不是颜色的意思，而是佛教的一个专有名词。佛教论书中对于"色"的界定是有质碍的、会变异的东西，转换成现代语言，就是占据一定空间、会随着时间而变化的东西，大致相当于哲学上所说的

"物质"概念。"有色"和"无色"是指有物质形态的存在和无物质形态的存在，这里偏重于指有身体和无身体的区别。

佛教把生命的存在分成三个类别：欲界、色界、无色界。

欲界是指有欲望的众生所居住的界别。欲主要是指食欲、情欲、睡眠等生理欲望，尤其是情欲，对于人而言还包括追求名利财富等欲望。欲界众生的构成比较混杂，不仅包括六道中的地狱、畜生、饿鬼三恶道的全部众生，以及三善道中的人、阿修罗、尚未完全离欲的较低层次的天界众生，同时，来这一界别化度众生的佛、菩萨，以及已经证得解脱的阿罗汉圣者，也住在欲界，所以欲界是凡圣同居地。欲界最低层是无间地狱，最高层是他化自在天。

色界是离欲众生(已经脱离欲望的众生)居住的世界，因为尚有物质形态，所以称为色界。色界众生按照禅定功力的深浅分为四禅十七层天，前面十二层是离欲而未断烦恼的凡夫所居，后五层是已断烦恼的圣者所居，所以色界又称为凡圣分居地。

无色界是没有物质形态、只有禅定心境的更高的四层天界，即空无边处天、识无边处天、无所有处天、非想非非想处天。

按照部派佛教论书的观点，欲界和色界，都以须弥山为中心而分布，无色界则由于没有物质形态，因而也没有具体的空间方所。

其实，如果不将三界理解为外在的具体存在，而是修道者经历的不同精神境界，即欲望杂乱的欲界、初禅至四禅的色界、精神统一更趋近于寂灭的无色界，或许更接近原始佛教区分三界的本意(原始佛教经典中又称无色界为"灭界")。

中国的华严宗、禅宗等教派，将三界称为界内，超出三界的称为界外。

⑧ 有想、无想、非有想非无想：指依心念意识之有无而分的三种众生。"有想"(saṃjñin)，即有心念意识的众生，是指具有感觉、认识、意志、思考等意识作用的生命存在；"无想"(asaṃjñin)，即无心念意识的众生，是指没有上述心念意识作用的生命存在；"非有想非无想"(naivasaṃjñino-nāsaṃjñinaḥ），是指没有粗浅的心识作用（非有想）、但也不是全然没有心识作用（非无想）的生命存在。

依意识活动有无而划分的这三类众生，实际上也是依禅定境界的高下而划分的三种存在状态：欲界、色界和部分无色界的众生，都属于不同层次的有想境界；证得无想定（断除了心识作用，但身体还余存）的众生，则处于无想天；进而证得非有想非无想定的众生则处于无色界的非想非非想天。这最后一种天界在三界当中，属于最高的境界，所以又称为有顶天（俗语所说的"想入非非"，本意就是指达到这一天界）。印度有的宗教认为这一境界就是涅槃。但按照佛教的观点，即使是有顶天，也是在轮回之中的，并没有得到解脱，所以才要"皆令入无余涅槃而灭度之"。

⑨ 无余涅槃："涅槃"，梵文nirvāṇa的音译，字面意思是"熄灭"、"止息"，以及随之而来的"清凉"。可能在佛教兴起以前，有些印度宗教派别就用"涅槃"这个词来指称修行达到的解脱境界：痛苦、烦恼的止息，以及由此而来的清凉自在。佛陀也采用这个词来指称其解脱境界。在佛教史上，不同时代的不同派别对涅槃的含义有不同的理解，其中各派都共同接受的最基本含义是：摆脱生死轮回的痛苦，达到一种彻底解脱的境界。但这种解脱境界究竟是什么样的，这个词汇本身没有从正面加以描述。实际上，因为涅槃超越了意识思维的范围，所以无法用语言概念这种思维的产物来准确描述。

"无余涅槃"，是和"有余涅槃"相对的一个概念。这里的"余"是指获得觉悟后剩余下来的肉身和心智。按照原始佛教的理解，人获得涅槃后，对自我的身心不再执著，所以这个因缘和合的身心统一体就是一个多余的东西。按照这种理解，释迦牟尼在菩提树下悟道，就证得了涅槃，但这时的释迦牟尼，由于过去行为的因缘所形成的身心统一体还存在，只是不再产生导致未来继续生死轮回的因素，所以这时的涅槃是有余涅槃。等到释迦牟尼在双林树下入灭，他的身心统一体不再存在于这个世间，从世间的角度看已经达到灰身灭智的状态，他就获得了无余

金刚经译注

涅槃。

在原始佛教看来，就断灭烦恼、获得解脱而言，有余涅槃和无余涅槃的效果是等同的。但从彻底摆脱生死轮回来说，灰身灭智的无余涅槃更为彻底。大乘佛教则强调不要住著于涅槃（无住涅槃），要看到生死与涅槃在空性上是不二平等的，不厌弃生死，不欣慕涅槃，从而在无尽的未来都一直以智慧和慈悲救度众生。这也就是本经所说的：让一切众生都达到彻底的觉悟，同时又彻底地理解这种觉悟的空性（实无众生可度）。

⑩ 灭度：涅槃的意译，即灭尽烦恼、度脱生死等障碍。真谛译本就直接译为涅槃。玄奘译本则意译作"圆寂"。

⑪ 我相、人相、众生相、寿者相：即关于我的观念、关于人的观念、关于众生的观念、关于寿者的观念。这四种观念，都是执著于自我或众生而产生的观念，简要而言，都可以视为自我的不同表述，但侧重有所不同。按照《大智度论》的解释，认为色、受、想、行、识五蕴和合——即肉身、情绪或感受、认识、意志、意识这五类事物聚合而成——的身心统一体当中有个实有的自我在主宰，这种观念叫做"我相"；认为人有别于其他众生，按人伦之道而行事，这种观念叫做"人相"；认为五蕴和合的聚合体是一个实在的自我，而且在过去、现在、未来的轮回中保持统一性，这种观念叫做"众生相"；认为从生到死的一期生命当中，因为有命根的存在而保持自我的统一性，这种观念叫做"寿者相"。

对于四相的差别，瑜伽行派的重要奠基人世亲也曾作简要解释：把色、受、想、行、识五蕴当中的某一蕴当做实有的自我来执著，这种观念叫做"我相"；把这个五蕴和合的生命体看做是生生世世绵延不断、实有自性的连续体，这种观念叫做"众生相"；认为在一期生命中，由于命根不断而保持人格统一体，这种观念叫做"命相"或"人相"；认为每个生命体都有一期寿命，这一期寿命结束之后重新在六道轮回中投生，这种观念叫做"寿者相"。这四种观念，共通的错误在于，把因缘和合的生命体当做是有不变本质的实在的东西，由此产生种种执著与自我的虚妄观念，从而违背了事物的空性。由于世亲曾为《金刚经》作注，因此他对于四相区别的解释便被后来佛教界广泛接受，在中国的影响也很大。

这四相，是大乘佛教经典中用以解说"我空"的常用句式，在《维摩诘经》、《楞伽经》、《胜鬘经》、《涅槃经》等经典中都一再提到。

又，玄奘译本此处作"如是命者想、士夫想、补特伽罗想、意生想、摩纳婆想、作者想、受者想转，当知亦尔"，不止四相。实际上，《般若经》中众生的异名有十六种之多，不外乎是偏重众生的某一特性而立名。本经所说的这四相是比较有代表性的说法。

〔解 析〕

对于一切众生，"皆令入无余涅槃而灭度之"，同时又深切地体认到"实无众生得灭度者"，这是本经的核心思想，是"经眼"所在，所以这一分命名为"大乘正宗分"，即大乘法门的核心宗旨。

如前所述，大乘行者发愿成佛，其修行之道有别于小乘行者之处，不在于自己是否得解脱，而在于是否以大悲心利济群生。故发心趋向成佛之道，首要在于有大悲心。佛的宏愿，是要度化一切众生，所以说"（一切众生）我皆令入无余涅槃而灭度之"；佛的智慧，在于体证诸法空性，所以在毕竟空中"实无众生得灭度"。

一切众生都在生死轮回中受苦，所以发誓让一切众生得到救度。这种度一切众生的大愿，就是大悲。但发心度一切众生的同时，又深切地体认到没有众生可以救度，这不是认为众生不可救药，也不是故作谦虚，或功成弗居，而是彻悟众生缘起性空，度生事业也是缘起性空，所以不认为实有可度的众生。这种对般若空性智慧的深切体证，就是大智。

正是这种至大无外、无远弗届的大悲心和破斥一切执著的大智慧同时运用，才能够如金刚般犀利地断除一切烦恼；同时保持自身坚固明澈，不为一切逆缘所动摇，不为一切烦恼所染污。这样的大菩提心，这样的安住其心，才是金刚不坏之心，才是激发一切修行的动力源泉，才是三世诸佛所赞叹激励、所护念付嘱的。《摩诃般若波罗蜜经》中更是直接点明这种菩提心为金刚心，"菩萨摩诃萨于是中生大心，不可坏如金刚"。《金刚般若波罗蜜经》之得名，就来自这种透彻的般若智慧，所以说这一分是全经的点睛所在。

妙行无住分第四

〔原　文〕

　　"复次，须菩提！菩萨于法应无所住①行于布施②，所谓不住色③布施，不住声④、香⑤、味⑥、触⑦、法⑧布施。须菩提，菩萨应如是布施，不住于相⑨。何以故？若菩萨不住相布施⑩，其福德⑪不可思量。"

〔今　译〕

　　"还有，须菩提！菩萨对于任何事物应当无所执著，应当以这样的心态来做布施。也就是说，应当不执著于事物的可见形相、声音、气味、味道、触觉感受、概念而行布施。须菩提，菩萨应当这样布施，而不执著于事物的种种相状。为什么应当这样做呢？因为菩萨若能不执著于事物的相状而行布施，这样布施的福祉功德大得难以思维计量。"

〔注　释〕

　　①　于法应无所住：对于事物应无所执著。此句中的"法"，梵本作 vastu，意为"事物"。

　　②　布施：字面意思是给予，即以慈悲心将物质或精神财富施舍给他人或其他有情感的生命体。

　　按照印度宗教的业报观念，布施是造善业，可以积累现世和来世的福德，获得好的果报，甚至获得解脱。

　　原始佛教继承了这种观念，并且认为布施所获福德的大小，与布施对象的品德有关，因此布施给宗教师比布施给俗人所得到的福报更大，布施给已获解脱的阿罗汉圣者比布施给一般僧侣所得到的福报更大，布施给佛陀可以获得最大的福报。原始佛教的布施，重在信徒以财物施舍给僧团，而僧团则以说法回馈信徒。

大乘佛教发展了布施的观念，将其作为菩萨要修行的六种波罗蜜（意译为"六度"，指布施、持戒、忍辱、禅定、精进、般若六种解脱法门）之一，而且列于第一位。其布施主要有三种：一、财施：施舍财物给他人；二、法施：向他人宣说佛法；三、无畏施：让他人免于畏惧。这三者当中，法施的价值最大。与原始佛教不同，大乘佛教更强调要以正确的心态，以及与大乘佛教精神一致的方式去行布施，因此布施功德的大小取决于心态。

此处为什么单举六度中的布施来说明"应无所住"？注解《金刚经》的历代法师对此有不同的解释。一种观点认为举布施就包含了六度：持戒和忍辱可以视为无畏施，因为这样对于他人没有攻击性，可以让他人免于恐惧；禅定、精进、般若都可以归为法施，因为这都是直接以佛法教导众生。另外一种观点则认为经文仅仅是举布施为例而已，不能说是一度和六度互相包摄，因为下文就举了忍辱为例，而忍辱这一度就没法说和其他五度互相包摄。前一种解释比较圆融，传统上更受青睐。

③ 色：指视觉器官所接触和感知的对象，本书翻译成"可见形相"。

这里"色"的含义，比五蕴中泛指一切物质表相的色蕴要窄，专指可被视觉器官感知的物质形相或状态。根据佛教论书，主要包括：一、事物的形状，如长短、高下、方圆等，称为形色；二、事物的明暗色泽，如青黄赤白、云烟尘雾、光影明暗等，称为显色；三、事物的相态，如行住坐卧、取舍屈伸等，称为表色。

④ 声：听觉器官所接触和感知的对象，即声音。

⑤ 香：嗅觉器官所接触和感知的对象，即气味。

⑥ 味：味觉器官所接触和感知的对象，即滋味。佛教论书中对味

有种种分类，较常见的是分为甜（甘）、酸、苦、辛、咸、淡六类；或除去淡味，则为五类；或加上涩味和不了味，成为八类。

⑦ 触：触觉器官所接触和感知的对象属性，如轻重、冷暖、涩滑、饥渴等。

⑧ 法：意识所触对和处理的对象，即情感（"受"）、认知（"想"）和意志（"行"）。汉文佛典中的"法"，对应着外来佛典语文中很多不同词汇，其含义差别很大。这里的"法"，是六境中的法境，与第28页注①中的"法"不是一个词。法境所包含的范围很广，不包括在上述五境之内的一切意识对象都属于法境。

色、声、香、味、触、法，统称为六境。分别指眼、耳、鼻、舌、身、意这六种感官（第六种"意"指思维器官）所接触和感知的对象。

⑨ 不住于相：不执著于事物的相状、表相。这里"相"在《金刚经》梵文本中的原词是nimittasaṃjñā，saṃjñā是"想"的意思，而nimitta则有"目标、记号、原因、手段"等意思，所以可意译为"相想"。这个词暗示我们对于事物相状的认知，其实是基于我们的想象，因而是一种虚妄的认识。不住于相，也就是不执著于前面所说的色、声、香、味、触、法六种相状。

⑩ 不住相布施：不执著于事物的色、声、香、味、触、法等虚妄相状而行布施，即大乘佛典中常说的无相布施。对于无相布施，大乘佛典中一般都是根据"三轮体空"的理论来解释，即布施者、接受布施者、布施物这三者（"三轮"）的真实本性（"体"）都是虚妄不实（"空"）的，因此不应当执著于它们的色、声、香、味、触、法等虚妄相状。大乘佛教认为，住于相布施，所得的福报功德是有限有量的，甚至可能布施越多，烦恼越增；而无相布施的功德是无限无量的。

⑪ 福德：现世和未来的福祉与功德。

〔原　文〕

"须菩提，于意云何？东方虚空①可思量不②？"

"不②也！世尊。"

"须菩提！南西北方四维③上下虚空可思量不？"

"不也！世尊。"

"须菩提！菩萨无住相布施，福德亦复如是不可思量。须菩提！菩萨但应如所教住④。"

〔今　译〕

"须菩提啊，你认为东方世界的虚空大小是可以思维计量的吗？"

"当然不是的！世尊。"

"同样地，须菩提，南方、西方、北方、东北方、东南方、西北方、西南方、上方、下方的虚空是可以思维想象其大小的吗？"

"都不是的！世尊。"

"须菩提啊！菩萨不执著于事相的布施，它的福德也是这样不可思议的。须菩提，菩萨只应当像所教导的那样安住(他的心)。"

〔注　释〕

①　虚空：空间。佛教各派对虚空的性质认识不一，主流观点认为虚空具有三个特性：一、遍一切处；二、宽广高大；三、究竟不穷。这段经文以虚空来比况无住相布施的功德，主要是取其广大无穷的含义。

②　不：读作 fǒu，表示否定。本经中位于句末的"不"字和句首"不也"中的"不"字，均读作"fǒu"。

③　四维：这里指东北、东南、西北、西南四个方向，这四个方向和东、南、西、北、上、下合称为十方。佛教经典里经常有十方世界的说法。

④　应如所教住：应当按照(佛陀在这里)所教导的那样安住(修行者的心)。

〔解 析〕

"于法应无所住"，即对于任何事物都不应执著，这是本经极其重要的一个思想，可以说是修学六度的总纲、践履万行的指南、检验心性的准绳。

金刚经译注

在上一分中，佛陀开示，对于一切众生，"皆令入无余涅槃而灭度之"，同时又深切地体认到"实无众生得灭度者"，这为发无上菩提心的菩萨指明了修行的目标和宗旨。那么如何实现这一目标，如何检验修行的实践没有违背这一宗旨？行动的指南便是"应无所住"，因此这一分首先标举总纲。把握了这一总纲，就可以纲举目张，战无不胜，攻无不克。

接下来，佛陀以修习布施为例，说明如何以"无所住"这一标准，检验自己的修行是否不违背成佛的宗旨，是否安住于无上菩提心，以及如何降服自己的心。

布施是通向解脱的法门，因为布施这种善举可以带来现在世和未来世的福祉，积蓄漫长的成佛之道上必需的资产和粮食。但如果因布施而产生骄傲，希图受者的报答或来世的福报，那么不但不能成佛，甚至连证得小乘行者的解脱也不可能，顶多获得人天福报。天道众生之所以能享福，却未获得解脱，就是因为他们细微的慢心（骄傲自大之心）未除。即使不因行布施而产生骄傲感，但认为布施实有自性，不能体察布施的空性，对于成佛还是会有障碍。

只有深刻认识到施者、受者、施物三者都是同一空性（三轮体空），才能将有限有量的布施，融归于无限无量的法性，回向给一切众生，同趋于佛道，这样的功德才不可思量。有限的布施，正如沧海一粟，必须回归法性的大海，才不会穷竭。

但深解空性的无相布施，并非否定布施的善性，否则就成了无记布施，失去了明确的善恶特性。为了防止初发心的菩萨产生这种误解，佛陀专门以十方虚空为比况，来说明这种无相布施的福德广大而不可思议。

总之，布施时不执著于色、声、香、味、触、法的种种事相，但自利利他的功德果报又宛然呈现、不失不坏；既不执有，也不沦空，这样的布施，才是真正安住于无上菩提心，才是降服了有所住著之心，才不会陷入邪道，偏离成佛的终极目标。

　　上一分偏重发心（回答如何安住于所发的菩提心），这一分偏重于伏心（回答如何降服其心）。发心以愿度众生为主，所以佛陀阐明众生空，使之归入般若；伏心以修行万法、利济群生为主，所以佛陀阐明法空，使之归入般若。这样，从始至终的一切修行，就统摄到般若的修证上了。而般若的证成，便是成佛得道。

如理实见分第五

〔原　文〕

"须菩提！于意云何？可以身相^①见如来不？"

"不也，世尊！不可以身相得见如来^②。何以故？如来所说身相，即非身相^③。"

佛告须菩提："凡所有相，皆是虚妄^④。若见诸相非相，则见如来^⑤。"

〔今　译〕

"须菩提！你认为呢？可以从身体相状来看见如来吗？"

"不是的，世尊。不可以从身体相状而看见如来。为什么？如来所说的身体相状，就不是(实有自性的)身体相状。"

佛告诉须菩提："所有的事相，都是虚幻妄想不真实的。如果看到各种事相都不是真实的相状，那就看见如来了。"

〔注　释〕

①　身相：身体的相状，特指伟大人物身体所具备的三十二种特征，即三十二相。也有解说为生相、住相、灭相的。梵文本原词为lak-ṣaṇasampadā，直译为"相状具备"，达摩笈多译本作"相成就"。

古印度神话观念认为，觉悟者、圣君等伟大人物具有三十二种胜过常人的体征。佛教经典中对于佛陀具备的三十二种身相的描述是：

（1）足下安平立相：又称足下平满相、足下平正相等。佛陀无论走在什么坎坷不平的地方，他的脚总是随其高低与地贴合，不留缝隙。因为佛陀在成佛以前无数世的漫长修行历程中，慷慨布施，毫不吝惜，持守戒规不令破失，忍辱无嗔，如山岳般安住于甚深禅定，所以获得这一妙相。因此，这种身相是佛陀慈悲平等无差别的表征。

（2）足下二轮相：佛陀脚掌面上有清晰分明的千辐轮宝的纹相。这也是佛陀过去常行布施获得的福报，象征佛陀悲悯众生而转法轮说法，荡平贪、嗔、痴三毒。

（3）长指相：佛陀的手指、脚趾纤长。这是佛过去世中合掌起立礼敬师长获得的福报，是长寿的象征。

（4）足跟广平相：佛陀的足跟踝后两边圆满广平。这是佛过去世中持戒、布施所获得的妙相，也是长寿的象征。

（5）手足指缦网相：佛陀的手指之间和脚趾之间有像鹅、雁那样的蹼网。这是佛在过去世中常修四摄法（布施、爱语、利行、同事）而获得的妙相，象征佛陀能够摄受和引导众生到达解脱的彼岸。

（6）手足柔软相：佛陀的手和脚都较一般人更柔软。这是佛在过去世以精美的饮食、衣服、卧具供养师长，并在父母师长有病时，亲侍医药而获得的妙相，象征佛以慈悲柔软的手平等摄取众生的美德。

（7）足跌高满相：佛陀足弓部位的完美相状。这是佛在过去世中精进修行，积累福德所获得的妙相，象征佛陀以大悲心利益众生的内在美德。

（8）腨如鹿王相：佛陀的小腿肌肉像鹿王一样健美。这是佛在过去世中专心听闻和演说佛法而获得的妙相，象征修学佛法能迅速消除罪障。

（9）垂手过膝相：这是佛在过去世中饮食知足不贪著、慷慨布施不吝啬、对病人如子女般尽心照顾、毫不傲慢自大所获得的妙相，象征佛解除众生痛苦、给予众生幸福、哀悯众生、降服恶魔的美德。

（10）马阴藏相：佛陀的生殖器官像马王的生殖器官那样长大，并且隐而不现。这是佛在过去世中修惭愧行、断除邪淫，对他人隐过扬善而获得的妙相，象征寿命长远、弟子众多。

（11）身广长等相：佛陀的躯体高度和宽度相等。这也是佛在过去世中经常劝导众生修行三昧，施以无畏，饮食知足，乐善好施，瞻病给药所获得的妙相，象征佛陀的身体超越血肉之躯，具足功德。

（12）毛上向相：佛陀的头发和体毛都是右旋、上卷的。这是佛在过去世中教化众生、修布施、持净戒、行善法所获得的妙相，能让瞻仰者心生欢喜并获益。

（13）一孔一毛相：佛陀身上每一毛孔都生一毛，并且发出微妙香气。这是佛在过去世中尊重、护持和供养师长、父母、兄弟及一切有情，修习善法，如理思惟，诲人不倦，向无数智者问学修道，清洁道路、除去棘刺所获得的妙相。这种身体毫光可以灭除众生多劫的罪障。

（14）身金色相：佛陀的肤色微妙光洁，犹如紫金。这是佛在过去世中以美好的饮食、骑乘、衣服、用具等布施他人，远离忿怒嗔恚，平等慈悲对待众生所获得的妙相，能让瞻仰佛身的众生灭罪生善。

（15）身光一丈相：佛陀全身总是发光，运用时可以普照整个世界，不用时周身一定范围内也光明常照。这是佛在过去世发大菩提心，修习无量法门利济群生，由此而获得的妙相；象征佛陀摧伏一切邪魔歪道，破除众生的疑惑，满足一切志愿。

（16）皮肤细滑相：佛身皮肤细薄润泽，纤尘不染。这也是佛在过去世以清净衣服、卧具、楼阁房舍等布施众生，亲近贤者智者，远离小人恶人，好问答，扫治行路所获得的妙相；象征佛陀以平等清净的大慈悲心利益群生。

（17）七处隆满相：佛陀的两手、两足下、两肩、颈项等七处肉隆满、清净、光润。这是佛在过去世时不吝惜自己珍爱的物品，随缘布施给众生所获得的妙相；象征佛陀具备信、戒、闻、惭、愧、舍、慧七宝，即信受佛法、持守戒律、能闻正教、自省有惭、于人有愧、舍离一切、智慧观照这七种精神财富，能让一切众生灭罪生善。

（18）两腋下隆满相：佛陀两腋下的骨肉圆满无虚。这是佛在过去世时向众生施舍医药、饭食，为众生出诊看病所获得的妙相。

（19）上身如师子相：佛陀上半身宽阔魁伟，行住坐卧威容端严，犹如狮子王。这是佛在过去世时教人善法，护卫众生，与众生共修善业，让众生实现自己的物质和精神追求，而自己功成弗居、谦恭自牧所获得的妙相；象征佛陀威容高贵、慈悲满足众生的美德。

（20）身端直相：佛陀身材高大端正。这是佛在过去世时为一切众生施药看病，劝诫众生护生不杀，供养师长父母，谦逊不傲慢，严持盗戒所获得的妙相；象征佛陀能让见佛闻法的众生获得正念，修十善行，身心安稳。

（21）肩圆满相：佛陀的肩头圆满丰厚，没有缺陷。这是佛陀在过去世中正当追求财富，获得财富，又随缘布施，造佛像，修寺塔，而心存感恩，不居功自傲所获得的妙相；象征佛陀能让见佛闻法的众生喜闻乐见，学而不厌，灭惑除业，功德无量。

（22）四十齿相：佛陀有齿数四十。佛典认为佛菩萨齿骨多、头骨少，常人齿骨少、头骨多。一般人有三十二齿，九块头骨；佛菩萨有四十齿，头骨为一整块。这是佛在过去世中远离恶言妄语，用和悦友善的语言摄取众生，教导众生修十善法门，修习平等慈悲所获得的妙相。这一妙相能制止众生之恶口业。

（23）齿齐密相：佛陀的牙齿整齐，紧密无隙。这是佛在过去世时以十善法教化众生，称扬他人功德而获得的妙相；象征佛陀能让大众清净和顺、同心同德。

（24）四牙白净相：佛陀的四颗门牙洁白锋利。这是佛陀在过去世中修习慈心、思维善法而获得的妙相；象征佛陀能摧毁众生坚固的贪嗔痴三毒。

（25）师子颊相：佛陀的两颊隆满，犹如狮子王。这是佛陀过去世中不说挑拨离间的话，也教导别人不说而获得的妙相；这种瑞相能让见佛闻法的众生消除百劫的生死之罪，面见诸佛。

(26)得上味相：佛陀的口腔味觉器官发达，什么食品都能品尝到它最好的滋味，即使是粗劣的食品，在佛陀口中也能转为美味。这是佛陀在过去世中布施众生饮食所获得的妙相，象征佛陀善巧妙法能满足众生的志愿。

(27)广长舌相：佛陀的舌头软薄广长，可以覆盖整个面部，触及发际。这是佛在过去无量世中不仅自修十善业，而且欢喜赞叹他人修行，教导正法，施与法味所获得的妙相。见此瑞相的众生，能够消除许多亿劫的生死罪，在轮回中遇到许多佛菩萨，预言其必然获得解脱。

(28)声如梵王相：佛陀的声音如天鼓雷音，洪亮清远。这是佛在过去无量世中不但自己如实语，而且教人不妄语所感得的妙相。得闻此瑞相的众生能够消疑断惑，心无杂乱，常乐闻法。

(29)目广青莲相：佛陀的眼睛绀青色，如青莲花。这是佛陀在过去世中随顺乞讨者之意，以眼睛为布施而感得的妙相。

(30)牛王睫相：佛陀的眼睫毛齐整而不杂乱，犹如牛王。这是佛在过去世时，视一切众生如父母，以孝子之心怜愍爱护而感得的妙相。有缘观瞻佛眼的人，在未来世中，眼常清净，不患眼病，可以消灭七劫罪障。

(31)顶肉髻相：佛陀头顶上皮肉隆起，形如螺髻。这是佛在过去世时，不仅自己受持十善法，而且教人受持所感得的妙相；象征佛陀能够应机说法的美德。

(32)眉间白毫相：佛陀眉间有白毫毛，柔长洁白，右旋卷收。这是佛在过去世时赞美和守护众生修学戒定慧三学而感得的妙相。有缘见此妙相的众生，可以消除无量亿劫的生死罪。

总之，按照古印度人的神话观念，三十二相是过去世行善所获得的福报。不仅佛有三十二相，特别杰出的帝王——转轮圣王等伟大人物也有这些身相，但不如佛陀的三十二相清晰分明。

三十二相是古印度人的宗教和审美观念，不完全符合中国人的文化习俗，也不太符合现代人的审美观念，所以佛教造像艺术在表现三十二相上，会因古今、地域之异而有不同侧重。

佛陀身相体征的特殊，除了这三十二个比较重要的方面，还有八十种相对次要的美好特征，如鼻不见孔、眉如初月、脐深圆好等，称为"八十种好"。

另一种很通行的解释则将身相解说为生、住、灭三相。一、生相：佛陀从兜率天降生到人间；二、住相：佛陀安住于人间八十年；三、灭相：佛陀在拘尸那迦（Kuśinagara）城外双树林中进入涅槃。

② 不可以身相得见如来：不能从如来的身体相状而看见如来。

佛教认为每一位佛都有法身、报身、应身三种存在方式，称为三身。一、法身：佛所体证的真理体性，它没有具体形相，是普遍永恒的真理，只能从象征的意义上理解为"身体"。就佛陀觉悟的本质而言，这是佛真实的身体。二、报身：佛陀在过去无量世当中修行，功德圆满之后获得的具备三十二相、八十种好的庄严身相。这是修行所获得的酬报之果，所以称为报身。三、应身（化身）：如来为教化众生、顺应众生而化现的身体，是应所化众生之机感而化现的佛身。以释迦牟尼佛为例，他降生于迦毗罗卫国王宫，出家、证道、说法、入灭，这个示现于人间的身体是释迦佛的应身；而出于清净佛土，具备三十二相的身体则是报身；与真如法性不二无别的是其法身。

如来的真实本质是他的法身，而报身和应身都只是缘起生灭的现象。即使是具备三十二相、无比庄严的报身，也属于有生有灭的缘起法，不是永恒不变的。如来正是彻悟这种空性，才被称为佛（觉悟者）。所以，看见如来，不是看见他具备这些奇特美好的体征，而是了解这些体征也和世界万事万物一样随缘生灭。如果贪著于这种身相，不能如实了知其空性，那就没有"见到"佛陀证悟的空性。因此，不能从如来的身体相状来真正认识如来。

③ 如来所说身相，即非身相：如来所说的身体相状，不是（实有自性的）身体相状。所有有形有相的事物，其存在都是有条件的、无常的，不是永恒的。即使是报身的三十二相，也还是有形有相，因此也不

是永恒的。所以如来所说的"佛身的特征"，不是指三十二相等特殊的体征，而是以象征、譬喻的方式指示佛深刻独到的体证——诸法的空性，它构成了佛陀法身的最本质的特性。

④ 凡所有相，皆是虚妄："虚妄"，虚即不实，妄即不真。佛教认为，人们把缘起无常的事相当做是实有自性的，这是把虚幻现象（虚）看成了实在（实）的，人们陷于这种错误认识（妄）而不自知，反而以为这是正确的认识（真）。按照梵文本直译，此句应为"凡是身相具足的，就是虚妄的"。即这里的"相"，特指如来的身相。但历来的解说，大都将其普遍化，解释为一切事相，这是符合《金刚经》精神的，所以本书也翻译为"所有的事相，都是虚妄不真实的"。

⑤ 若见诸相非相，则见如来：如果看到各种事相都不是真实的相状，那就看到如来了。"诸相非相"所对应的梵本原词是 lakṣaṇālak-ṣaṇatas，是一个复合词，意为"相非相"，可以作两种解释：一、相（身体特征）不是相；二、相和非相（无相状差别）。同样的，这里的"相"在原文的脉络里也是专指佛的身体特征，即身相。

按照这个词的第一种解释，这句话的意思是：认识到佛身所具备的各种体征都不是真实的体征，而是虚妄不实的，那么就真正见到了如来，因为如来的真实体性就是对于空性的彻底证悟。

按照这个词的第二种解释，这句话的意思是：看到佛身在事相上呈现的三十二相等相状（诸相），同样"看到"它们本质上无差别的空性（诸非相），那么就见到了如来。

这两种解释是可以会通的。但从经文脉络来说，显然更强调的是"认识到各种相状是没有相状差别的空性"这层意思，所以这里取第一种解释。第一种解释也是自古以来比较通行的解释。

〔解　析〕

这一分中开始出现"如来所说身相，即非身相"的句式，这种"如来说 A，即非 A"的句式，以及更完整的"如来说 A，即非 A，是名 A"，或"A，如来说非A，是名A"句式，是《金刚经》说理逻辑的核心句式，在经中频频出现，达三十次之多，是理解《金刚经》逻辑的一个关键。

这种句式，表面上看起来不合逻辑，违反了形式逻辑的同一律，也与常识相悖，所以著名禅学家铃木大拙在《〈金刚经〉的禅》一书中，专门将之命名为"即非论理"，认为它超越了形式逻辑，是东方特有的一种灵动思想，只能从禅学的直观体验中去理解。这种意见在日本和欧美一度风行，对于我们理解这一句式的内涵也会有所启发。但铃木大拙的见解未必完全妥当，晚近二十年招致的批评尤多，这里不一一介绍。

对于一般读者而言，只需要了解，这种"即非"句式，目的在于让修学者在理论上和实际修行中，体认一切现象的缘起性空。

第一，就理论层面而言，一般当我们谈论某事物时，总是预设了该事物具有某种确定性。这在常识上是妥当的，甚至是必要的，否则我们就无从将一事物与另一事物区分开来。问题在于，这种确定性在究竟意义上是否成立，即它是否具有某种终极的实在性。正是在这一点上，中观学告诉我们，现象层面的真实、世俗意义上的真理，其实是无根的。依据佛教最根本的缘起思想，现象界的事物都是依缘而生、依缘而灭的，并无实在不变的自性。这便是一切现象的缘起性，这一缘起性是普遍的、绝对的。但它的普遍与绝对，仅限于揭示任何现象的无自性，并非要确立某种超然万象之外的神秘存在。因为缘起性或缘起法则消解了世俗观念认为的一切实在性，同时不对自身作任何肯定性的界说，所以不能从世俗认识来确切地把握它，只能在禅观的体验中直观地体认。站在世俗认识的角度勉强对它作正面界说的话，只能称之为空或空性。这种现观缘起空性的智慧，大乘佛教称之为般若。

从这种般若智慧，来重新看待世俗所认为的实有自性的万物，就会发现，它们不是真有自性的，相反，正是因为万物都是缘起性空的，在这平等空性中才能呈现出事相上的千差万别，才可以对差别相的万物一一认识和安置名称。所以缘起性或空性不是否定因缘和合产生的事物（称为"缘已生法"）在现象层面的存在，般若智慧也不是彻底否定世俗真理，反而是后者赖以确立的基础。这种区分事物的现象性存有和本质性虚空，区分超越性的绝对真理和世俗的相对真理，并据此教化众生的理论，就是中观学的二谛理论，即二重真理观。

这里试以《金刚经》中首次出现的"即非"句式的完整例子——《庄严净土分第十》中的"庄严佛土者，则非庄严，是名庄严"一句为例，分析这种句式的理论意涵。

另，本经各分出现的"则非"，明清以后的通行本多作"即非"。这类文字的异同不影响全文意旨的理解，故不作校勘。但解说句型时则随顺近代以来的习惯，称其为"即非"句式。

（1）"庄严佛土"：所要认识的事物。

（2）"则非庄严"：这一事物的真实本性，是缘起性空的，不是实有自性的"庄严"，即"非庄严"。

（3）"是名庄严"：所以它是假名的庄严。

这三层的理论关系，可以表解如下：

"庄严佛土者"————————————缘起
"则非庄严"——不是实在性的庄严——缘起性的空寂
　　　　　　　　　　　　　　　　　（最高真理、胜义谛）
"是名庄严"——所以是假名的庄严——缘起相的幻有
　　　　　　　　　　　　　　　　　（相对真理、世俗谛）

第二，就修行实践而言，整部《金刚经》都是在教导发菩提心的菩萨行者如何安住、如何降服自己的心，这是一个菩萨如何在佛陀教导的指示下，从凡夫走向佛的过程。其中涉及：

1. 处在修行终点的佛陀对某事物的认识，和处在起点的初发心菩萨（还是凡夫）的认识，是全然不同的，甚至是截然相反的。佛教说世人的认识是颠倒妄想，说佛的认识才是对世界的如实观，就是讲这个意思。

2. 佛陀必须基于自己的最高觉悟而为众生说法，才能与最高真理不违背。佛经中常说：如来狮子吼，常作决定说。这个"决定说"，就是确凿不动摇的真理。

3. 如果佛陀只是基于自己体证的最高觉悟来教导，凡夫众生是听不懂的。《华严经》中讲佛陀宣说法界等流的顿教法门，声闻弟子如聋如哑，完全听不懂，表达的就是这个意思。

4. 因此，他必须采用凡夫熟悉和理解的方式，即世俗的真理来教导众生。这就是佛经中说的恒顺众生而方便说法。

5. 这样，佛陀的每一教导，都必然包含两个方面：一是佛陀为了适应众生的理解程度而采用的表述方式，二是这一表述方式所要指向的终极真理。所以龙树说："诸佛以二谛，为众生说法：一以世俗谛，二第一义谛。"

6. 由于这种教导，意在导凡入圣，所以必然要指出凡夫认识的错误，瓦解原先他们以为的真实或真理，使他们能得到提升，在成佛之道上前进。

7. 在众生确立佛教的正见以前，总是执著于实在的自性，所获得的认识即使有提升，也仍然是不正确的，此时佛陀的每一教导都有被其执著为实有的可能。为使其持续前进，佛陀在设置每一个教法的同时，又说明它的空性，好让修学者在进一步修行中舍弃，以便消除实在性的误解。这样渡河舍舟、得鱼忘筌，才能层层转进。这种论说方式，称为随立随扫、随立随遣。

8. 即使修行者确立正见、进入圣位以后，在成佛之前，他在自度度他的实际修行中仍然是不完善的，需要在一一法门上进一步消除对于实在性的执著，包括对于以空性为实在的执著。

9. 最后，修行者到达成佛的终点，在自利和利他两方面都达到完善的程度。

在这样一个修行进程中，尤其是处于凡夫境地时，始终存在着众生的认识和佛的认识之间的矛盾。对同样一个事物 A，佛陀的认识 A1，和众生的认识 A2，始终是不一致的，佛陀只能随顺众生，用贴近众生认识但又实质不同于众生认识的语言文字 A3 来表达。

仍以上面所举的"庄严佛土者，则非庄严，是名庄严"一句为例，分析这种句式的实践意涵。为了论述的方便，将上述句式中三个"庄严（佛土）"依次称为"庄严 1"、"庄严 2"、"庄严 3"。

（1）"庄严佛土"："庄严 1"＝事物本身＝佛陀的体证＝佛陀所要导向的认识。

（2）"则非庄严"："庄严 1"≠"庄严 2"。更准确地说，"庄严 1"＝"庄严 2"的否定＝非"庄严 2"。

（3）"是名庄严"：语言层面的"庄严 3"，靠近"庄严 2"，但实际指向"庄严 1"。

所以，即非句式的论说方式，是为了让我们意识到，语言所要表达的原本以为确凿无疑的含义，其实是无根的，由此产生语义的流动性，展开新的理解面向，走向更深入的认识。直至最终走进如实观，契入佛的正觉。

第三、四、五分，是全经最为重要的三分。它阐述了大乘佛教修习的三大要素。

第三分，阐明应当如何发追求最高觉悟的无上菩提心，即成佛之心，这是"愿"，必须有这种成佛的愿望，才可能激发相应的种种修行。佛教十分强调发心、发愿，大乘佛教更要求发大心、发大愿。没有成佛的大愿，就不会有深沉、久远的动力。

第四分，阐明如何在修行中落实这种大愿，这是"行"。成佛不是一蹴而就的，必须通过各种修行科目的实践来砥砺自己的心性，才能在成佛之道上前进。

第五分，阐明这种修行所要达成的重要的阶段性目标——证法见佛，这是"证"，即对于般若毕竟空的体证。

这三者：菩提愿、悲济行、空性见，是学佛的三要，成佛的三阶，也是众多大乘经典中一再阐明的要旨，可谓是大乘佛教修学的总纲。修习大乘佛法，三者不可或缺。《大般若经》中讲："一切智智相应作意，大悲为上首，无所得为方便"，就是在强调这三大要素。所谓"一切智智"，是指一切智慧当中最高的智慧，也就是佛智；"一切智智相应作意"，就是发起获得佛智的意念，也就是发无上菩提心。"大悲"，也就是慈悲心，在实践落实中就是悲济行。"无所得"，便是彻知自性了不可得的般若正见，即空性见。大乘佛教开显的万千法门，无非是以种种方便教导大家按照这三大纲领修学，最终成佛。

在金刚般若法会上，佛陀开门见山点出这三大要素，之后对菩萨的反复叮咛教化也不离这三大要素，可谓是单刀直入，直取《般若经》的心髓。

再看三者在修道中的实际关联。从菩提心的安住和长养来说，菩提大愿属于发心菩提，悲济大行属于伏心菩提，亲证空性属于明心菩提。从实践的展开来说，三者是层层转进的，首先是安住于菩提心，然后是修悲济行，最后是悟自性空。其中贯彻始终的是对般若智慧的培养：首先以般若智慧抚育大悲愿，然后在实践中以般若智慧指导和统摄六度万行，最后是见佛证法，亲证般若。

这一分中佛陀阐明的，就是见佛证法的明心菩提。见佛也就是证法，证法便是见佛，这两者是无二无别的。因为佛陀的真实身体便是他的法身，法身以智慧为其生命，佛的智慧，就是般若。佛之为佛，便在于他能觉悟诸法空性，亲证诸法实相。因此，"见法即见佛"，修行者如能看清缘起现象的空性，便是见佛所见，与佛同观，这才是真正的见佛。

在修行的过程中，通过上一分所讲的悲济大行的修习，菩萨广泛地利济群生，积累广博的福德和智慧两方面的资产粮食，逐渐达到慈悲和智慧互相抚育，禅定和智慧均衡发展，成就了方便度化的智慧，具备了观照各种现象无分别空性的能力，所以佛便揭示进一步的修行目标——见佛证法。

佛以"见佛"为例，检验须菩提对于诸法无分别空性的认知。如果从身相——三十二大人相来见佛，那显然是耽著于现象与表相，没有体察和理解各类现象的本质（空性）、各类表相的实相（空相）。须菩提深刻理解空性，所以立即明确地回答佛陀，"不可以身相得见如来"。

关于须菩提不以身相见佛，佛经中有个十分著名的故事。有一次释迦牟尼佛从忉利天为母亲说法回来，下到人间，弟子们都欢喜踊跃地想要早点见到佛陀。须菩提也是如此，但转念一想，佛陀时常教导我们说，"见缘起即见佛"，"见法即见佛"，我何不善观缘起，正见法相呢？于是安住于当下，悟入缘起生灭法的无常性空，亲知亲证如来法身。因此，当比丘尼当中神通第一的莲花色施展神通，抢先第一个迎接佛陀时，佛陀却告诉她，须菩提比你先见到我（的法身）了。

对于须菩提的回答，佛陀加以肯定，进一步指出，"凡所有相，皆是虚妄"，要认识到一切表相都不是实有的（"诸相非相"），才是真正彻见法性；与佛同见，才是真正见佛。

"凡所有相，皆是虚妄。若见诸相非相，则见如来。"这是《金刚经》中的名句，也是历代高僧大德频繁引用的警句。理解这句话，至少要注意以下几层：

一、事相的虚妄性，即事相的空性。

二、空性遍一切法，无一例外；善法也是空性的。

三、事相的虚妄不等于事相的不存在，虚妄也是存在的，只不过是虚幻妄想的存在，是颠倒、不真实的存在；之所以成为颠倒的妄想，是由于心的错误认识（无明）和由此而起的执著（贪爱）。

四、能转变认识，把污染的错误认识转化为清净的般若智慧（佛教称为"转依"），直观一切实相的空性，就可以亲见事物的本然状态（"真如"），证得涅槃，即此处所说的"见如来"。

这一分言简意赅，是《金刚经》中十分关键的章节，值得反复体味。

正信希有分第六

〔原　文〕

须菩提白佛言："世尊！颇①有众生，得闻如是言说章句②，生实信③不？"

佛告须菩提："莫作是说。如来灭后④，后五百岁⑤，有持戒修福⑥者，于此章句能生信心，以此为实。当知是人不于一佛、二佛，三、四、五佛而种善根⑦，已于无量千万佛所⑧种诸善根⑨。闻是章句，乃至一念生净信⑩者，须菩提，如来悉知悉见⑪，是诸众生得如是无量福德。"

〔今　译〕

须菩提禀告佛陀说："世尊，（将来）会有某些众生听到如此宣讲的经句，而产生真实的信心吗？"

佛告诉须菩提："不要这样说。如来入灭之后，五百年之后，有守持戒律、培修福德的人，对于这些经教能产生信心，认为这是真实可信的。要知道这样的人不止是在一位佛、两位佛，三、四、五位佛那里种下了善良的根性，而且是在数以千万计乃至无量诸佛那里种下了各种善良的根性。须菩提！这些听到如此的经教就能产生专一不移的清净信念的人，如来完全知道、完全看见，这些众生获得了无量的福德。"

〔注　释〕

①　颇：表程度、数量、规模的副词，意为略微、稍许。梵本作 ke-cit，意为"某些"。

②　如是言说章句："如是言说"，指经文开始一直到这里为止须菩提和佛陀之间的问答。"章句"，梵文本对应词为 sūtrānta-padeṣu，直译为"经中的句子"。

③　生实信：产生真实的信心。梵文本对应词为 bhūta-saṃjñām utpādayiṣyanti，直译作"生起(这些经句)是真实的想法"。

所有宗教都十分强调信仰、信心在修行实践中的作用，佛教也不例外。《华严经》中说："信为道源功德母，长养一切诸善法。"佛教的特色在于，它在强调信心的基础作用的同时，更强调只有智慧才能够获得解脱。例如，《大智度论》中说："佛法大海，信为能入，智为能度。"信仰、信心是入道的基础，而般若智慧则是解脱的究竟。因此，在修行实践中应当信解并重，两者不可或缺。

④　如来灭后：如来入灭之后。"灭"，寂灭，此处指佛陀进入无余涅槃。佛历纪年是以佛陀卒年为纪年起点，以百年为一世纪。

关于释迦牟尼佛入灭的年代，各种文献记载不一，有数十种不同的说法。南传佛教普遍以西元前 624—前 544 为佛陀生卒年；汉传佛教传统上以唐代法琳主张的西元前 1027—前 947 为佛陀生卒年，并据此庆祝佛诞；藏传佛教关于佛陀卒年也有 14 种异说，其中格鲁派主张的西元前 961 年为佛陀卒年，在新中国成立以前是蒙藏地区颁布历书的依据。学术界对佛陀卒年的研究也没有得出一致认可的意见，1988 年哥廷根专题会议之后，晚近比较占主流的观点认为佛陀卒年在西元前 400 年左右。英国学者贡布里希认为，佛陀的卒年在西元前 404—前 384 年之间，这一观点比较有代表性，接受者较多。

⑤　后五百岁：在以后的五百年当中，或在五百年以后。

佛教认为，虽然佛陀所揭示的法是永恒的真理，但佛教在世间的流布，本身也是缘起的、无常的，因此，会有从"正法"到"像法"，再到

"末法"的衰变过程，即从纯正的佛教，蜕变为相似的佛教，再沦落到没落的佛教。对于正法、像法、末法的各自延续时间，各经典众说不一，因此连带地此处"后五百年"的确切含义也众说纷纭，可以分别指如来入灭以后的第一、第二、第三、第五个五百年，但总之是纯正佛法衰落的时代。值得注意的是，如来入灭以后五百年，正是大乘佛教兴起的时期。

罗什所译《金刚经》中，除此处外，还有第十四分的"若当来世，后五百岁"、第十六分的"于后末世"、第二十一分的"于未来世"，在梵文本和其他汉译本中，也是译作"后五百岁"。

⑥ 持戒修福：持守戒律，修行积累福德。其他汉译本中还一致提到这些人具有智慧（"具慧"）。

佛教的戒律，是对于信徒的道德规范要求，其根本精神是"诸恶莫作，众善奉行"。戒律也由此分为两大类：一是防恶止非的止持戒，二是扬善进德的作持戒。前者更为基本。

佛教止持戒的具体条目，根据信徒的不同层次而有不同的要求。按照佛教的规定，凡是接受了三皈依（皈依佛，皈依法，皈依僧）的人都是佛教徒；在此基础上，如果对自己有更高的道德要求，可以接受五戒：(1)不杀生；(2)不偷盗；(3)不妄语；(4)不邪淫；(5)不饮酒。

佛教徒如果想短期过一种更接近出家僧侣的生活，可以持守八关斋戒，即在五戒的基础上增加：(6)不涂饰香鬘，不自作、不往观听歌舞伎乐，即不使用首饰和化妆品，不从事娱乐活动；(7)不高广床，即不睡、不坐宽大华丽的卧具、坐具；(8)不非时食，即每日仅吃一餐，而且过午不食。（八关斋戒的具体所指，印度古来就有争议。也有认为是八关戒加一斋，即将上述第六条析分为二，第八条单独另列为"斋"。）八关斋戒，一般是在六斋日，即农历每月初八、十四、十五、二十三、二十九、三十日受持。因为在印度习俗中，这是居士来寺院布施的日子，所以趁机住在庙里清修一天，期间请师长传授八关斋戒，受持一日一夜，天亮离开寺院时即可舍戒，无需长期持守。八关斋戒一般在寺院持守，持守期间信徒的生活方式比较接近出家人，所以称为近住戒。

已经正式落发出家，但还不具备完整资格的僧团成员，男性称为沙弥，女性称为沙弥尼，需要受持十戒。即将上述第六条划分为两项，再加上一条不捉持金银戒，即不允许直接触碰金钱。

至于比丘和比丘尼，即具备完整资格的男女僧团成员，所要受持的止持戒则更多，按照遵循《四分律》的中国律宗的说法，分别为比丘二百五十戒，比丘尼三百四十八戒。

佛教认为，持戒是一切修行的基础，不但能获得现世和来世的福报，且更是成佛的必由之路。

⑦ 善根：梵文kuśala-mūla的意译，即善良的根性，产生善果的根本，又称善本、德本。善的意念、语言、行为能够产生善的结果，犹如根能生枝结果，所以称为"善根"。不贪、不嗔、不痴能产生和引发别的善，佛典中称之为三善根。

⑧ 佛所：佛所处的地方，即佛国，一佛教化之处所。

⑨ 已于无量千万佛所种诸善根：已经在无量诸佛的国土培植了诸善之根基。梵文本还提到"亲近供养无量诸佛"，罗什译本未译出，但可以理解为隐含了这层意思。因为只有亲近供养诸佛，才有机会持戒、修福、修慧，从而培植善根。

经文强调这一点是要说明，这部经中宣说的般若深义极难理解，因此也极难信仰，而一部分众生能够信受奉行，必有其深刻原因，那就是他们在无量的过去世中，在无数的佛国中持戒、修福、修慧，从而培养了坚固的善根。

⑩ 一念生净信：产生清净、专一的信念。此句依梵本直译为"生一念净信"、"获得清净的专一心念"。其中"一念净信"（ekacitta-prasādam）在义净译本中译作"一信心"。

⑪ 悉知悉见：彻底地知道、完全地看见。参照梵本，是以佛智完全地知道、以佛眼完全地看见的意思。如来的悉知悉见，体现了佛对于信持《金刚经》的众生的庇护，也就是上文所说的护念摄受。

金
刚
经
译
注

〔原 文〕

"何以故？是诸众生无复我相、人相、众生相、寿者相；无法相①，亦无非法相②。何以故？是诸众生若心取相，则为著我、人、众生、寿者③。若取法相，即著我、人、众生、寿者④。何以故？若取非法相，即著我、人、众生、寿者⑤。是故不应取法，不应取非法⑥。以是义故⑦，如来常说：'汝等比丘，知我说法，如筏喻⑧者。法尚应舍，何况非法⑨。'"

〔今 译〕

"为什么呢？因为这些众生不再有关于我、人、众生、寿者的概念，不再有关于法的概念，也不再有关于非法的概念。为什么呢？因为这些众生如果他们的心执取（自我的）概念，就会执著于我、人、众生、寿者的概念。如果执著于法的概念，就会执著于我、人、众生、寿者的概念。为什么呢？因为如果执取关于非法的概念，就会执著于我、人、众生、寿者的概念。因此，不应执取法，也不应执取非法。因为这个道理的缘故，如来经常说：'比丘们啊！要知道我所说的法，就好像我告诉你们的那个筏子的比喻一样。即使是法，尚且应该舍去，何况是非法呢。'"

〔注 释〕

①　法相：关于法的观念，即关于事物有稳固本质的认识和执著。梵文本对应词为 dharmasaṃjñā，直译作"法想"。这里的"法"，和第四分"于法应无所住"一句中的"法"，对应的梵文词汇不同：该处的"法"所对应的词汇是 vastu，是"事物"的意思（参见本书第28页注①）；这里的"法"所对应的词汇是 dharma。

dharma 这个词在梵文中的含义极为广泛，概括起来讲，大致有这样几种意思：（1）事物的本质，使得一个事物与其他事物区分开来的本质属性，决定和影响其他属性。佛教论书中将"法"界定为"能持自性，轨生物解"，就是这个意思。(2)法则，体现现象与现象之间的本质联系的规律。(3)真理，包括世俗所认为的真理和各宗教所认为的宇宙最高真理。(4)宣说和揭示这种真理的教说，例如佛教徒将佛的教说称为法。(5)体现这种本质、法则、真理的经验事物和现象：因为所有经验事物和现象都在不同程度上体现了"法"，所以它们本身也可以成为法，如佛典中说的"世间万法"，就是在这种宽泛的意义上说的。

这里的"法"，可以简单理解为有条件的存在(有为法)，即缘起生灭的现象及其本质，一般人认为它们有固定不变的实在自性，而佛教则认为它们是空无自性的。用"法相(法想)"这样的表述，是要说明，认为缘起生灭的经验现象和事物有固定不变的本性，这是基于我们错误认识的虚妄概念，并不是事实的真相。

② 非法相：关于非法的观念，即关于事物没有固定本质的认识和执著，也就是对于空的执著。"非法"，梵文本对应词为 nādharmasaṃ-jñā，直译作"非法想"。

这里的"非法"，可简单理解为无条件的存在(无为法)，即不生不灭的法性。一般的宗教可以承认现象的生灭变化，但认为在生灭变化的现象背后有不生不灭的本质。但佛教认为，这种认识还是变相的实有论。各种现象的真实本性，就是没有实在性，即它们是空性的。进而言之，按照《金刚经》的论理逻辑，将毕竟空的精神贯彻到底，如果对于这种空性产生认知的执著("非法想")，也是与空性相悖的，要予以破除。

以上两句"无复我相、人相、众生相、寿者相；无法相，亦无非法相"：不执著于各种关于自我(我、人、众生、寿者)实有的观念，不执著于法性实有的观念，也不执著于空性(非法)实有的观念。

认为有我(我、人、众生、寿者)相，即对于个体生命产生实有自性的执著，是一种我见；认为有法相，即对于宇宙万物、抽象观念产生实有自性的执著，是一种常见，即恒常论；认为有非法相，即对于事物的空性产生执著，认为事物都是断灭的，是一种断见，即虚无论。

佛经中说"毕竟空中有无戏论皆灭"，只有消除对于我和我所、常和断的错误认知，才能达到对于般若毕竟空的体认。也只有不相信、不执著我相、法相、非法相的虚妄分别，才能生起对于般若的清净专一的信念（"一念生净信"），所以佛经中说：一切法不信，是信般若；一切法不生，则般若生。

③ 众生若心取相，则为著我、人、众生、寿者：梵文本无此句。其他汉译本和梵文本此处有"无想，无非想"一句。按照《金刚经》梵文本行文惯例，可能是"无法想，无非法想"的略称。若果真如此，那么这一句可以视为衍文。

而按照罗什译本的行文，本句的取相和下文的取法相、取非法相，构成并列或递进，与前文"无复我相、人相、众生相、寿者相；无法相，亦无非法相"的结构相同。照这种理解，这一句应该解释为：如果众生执取（自我的）实有性质，就会产生我、人、众生、寿者等种种我见。

④ 若取法相，即著我、人、众生、寿者：如果执取诸法实有自性，就会产生我、人、众生、寿者等种种我见。

⑤ 若取非法相，即著我、人、众生、寿者：如果执取空相实有，就会产生我、人、众生、寿者等种种我见。

⑥ 不应取法，不应取非法：不应执著于法相实有，也不应执著于空相实有。

⑦ 以是义故：因为这个道理的缘故。玄奘译本作"密意"，即深奥幽微的涵意。

⑧ 筏喻：关于船筏的譬喻。这是佛陀以船筏为喻教导弟子的一个故事，见《中阿含·大品阿梨吒经》（与之相应的是南传佛教《中部·蛇喻经》），另见于《增一阿含经·马血天子品》第五经，又称《筏喻经》。据《大品阿梨吒经》，梗概为：阿梨吒比丘不顾其他比丘的劝诫，坚持认为情欲不会妨碍修道，而且认为这正是佛陀的教法。佛陀得知后，严厉呵责了阿梨吒比丘，然后以捕蛇之喻说明，对于佛陀的教法要准确了

解其意旨，犹如捕蛇须擒蛇头，不能按住蛇身，否则易遭反噬；进而说明，佛陀的教法，无非是帮助大家获得解脱的工具，犹如渡河之筏，渡河之后则应舍弃，不可执著。佛陀对于善法尚且强调应当舍弃，不应执著，怎么会如阿梨吒比丘所偏执的那样，对不善法还要坚持呢。《增一阿含经·马血天子品》第五经只有筏喻的部分。

⑨ 法尚应舍，何况非法：法尚且应当舍弃，何况非法。这是《阿含经》中记载的佛陀教说，出自上引《筏喻经》。在《筏喻经》中，"法"指能导向解脱的善法，即八正道；"非法"指与之相悖的邪道。

《金刚经》引用此经，但可能对其中"法"和"非法"的解释有所拓展。"法"指有为法，在修道实践中即为八正道；"非法"则是指无为法，亦即平等无差别的空性。照此理解，那么如来在这句重要的言教中所要传达的深义是：缘起的戒定慧等修道功德，尚且是空无自性、不可执取的，何况不具实体的空相(非法相)呢？这一分中罗什译本的"如来常说"一句，玄奘译本作"如来密意而说"。或许这种新诠，就是玄奘译本所称的"密意"。

〔解　析〕

在第三、四、五分中，佛陀切中肯綮地标举出修学大乘佛法的三大纲领。但是，这深刻的思想与一般人的认识实在差别太大。那么在去圣日远的未来世，真的会有人相信吗？须菩提代表与会大众，提出这样的疑问。这未必是须菩提自己的疑问，只不过他作为这一金刚法会的当机者，身份类似于课代表，要搜集大家的问题向老师提出来。

佛陀让须菩提不要担心，未来世肯定有人会对《金刚经》宣说的解脱之道相信、理解、接受、遵行；但这不是每个人都能做到的，能做到的人，一定是经过长期努力，积累了许多资产粮食，包括：

一、持戒、修福、修慧：持戒是一切修行的基本要求。诸恶莫作，众善奉行，不但能让自己和他人获得现世和来世的福报，而且它也是智慧的修习，因为止所当止，行所当行，这本身便是在实践智慧，所以持戒兼具修福和修慧的作用。持戒是成佛的必由之路，因此佛陀首先提出持戒。修福、修慧，这是成佛之道上需要筹备的两类资产粮食。具备这三者，才能"于此章句能生信心，以此为实"。

二、久集善根：成佛之道极其漫长，所需的资产粮食不是一星半点，所以要生生世世培植善根，持戒、修福、修慧。我们常说人做点好事并不难，难的是一辈子做好事不做坏事。修学大乘佛法，要求就更高。一辈子做好事虽然已经很难，但是要成佛就得生生世世做好事不做坏事。只有这样"不于一佛、二佛，三、四、五佛而种善根，已于无量千万佛所种诸善根"，才能在成佛之道上不断前进。而能够在此金刚法会上预会闻法，在未来世依然深信不疑的菩萨们，当然是与这一法门有不解的因缘，已经在过去世当中深植善根。

三、诸佛护持：成佛之道如此遥远艰辛，急于求成又往往会走火入魔，那么如何保障在这漫漫征途中不丧失信心呢？对于修行者本身，固然应当抱着无所得的心态，但问耕耘，不问收获，生生世世不懈地持戒、修福、修慧，培植善根。做，就对了。但就佛而言，对这些坚信佛法、勇猛精进的菩萨们，又怎会不管不顾呢？所以佛陀明确肯定：这些过去久种善根、今生福慧双修、未来还深信此法的众生，如来悉知悉见，他们为如来所护念、所付嘱。

四、三相并寂：众生的努力，善业不虚，功不唐捐，所以能得诸佛的护持。按照性空缘起法则，这是必然如此的。但同样按照缘起性空法则，这无穷善业、诸佛护持，也应当体察它的空性，不可执以为实。为了防止有人误会，以为有实法可凭，佛陀特意自问自答，进一步阐明诸相非相，说明我相、法相、非法相都是同一空性的，执著任何一相，都不是真正彻见空性。

泯灭三相（我相、法相、非法相），悟解三空（我空、法空、空空），才能体认般若毕竟空。这是极为重要的般若深义。外道执著于实在的自我（我相）；有的学佛者，如某些小乘行者，认为我空法有，即个体生命、灵魂（我相）虽空，但万物的本质（法相）不空或不必空；有的学佛者，如真常论者，认为我相、法相虽空，但空相——诸法的究竟真实——是真常妙有的。在彻底的般若性空论者看来，这些见解，虽然执著的对象有我相、法相、非法相（空相）的差别，但共同的症结是认为有某种存在是实有自性、自性不空的；而般若的深义，正是要以毕竟空来破斥任何形式的自性实在论，所以无论是执取我相而不悟我空，还是执取法相而不悟法空，或是执取非法相（空相）而不悟空空，都是应当扫荡廓清的戏论。唯有如此，才是彻底的不存我见，才是真正的信解般若。

深解空性，泯绝诸相，这是佛陀对大小乘弟子一以贯之的教导，并不单是对大乘行者这么说。所以最后佛陀再作提醒：他经常用来教导弟子的船筏之喻，其实也是为了让大家舍弃对于一切相的执著。船筏是用来渡河的工具，得渡之后便应舍弃。如来的教法也是如此，都是让人破除疑惑，解除烦恼，到达解脱的彼岸。

无得无说分第七

〔原　文〕

　　"须菩提！于意云何？如来得^①阿耨多罗三藐三菩提耶？如来有所说法^②耶？"

　　须菩提言："如我解佛所说义^③，无有定法^④名阿耨多罗三藐三菩提，亦无有定法如来可说。何以故？如来所说法，皆不可取^⑤、不可说^⑥、非法、非非法^⑦。所以者何？一切贤圣^⑧，皆以无为法^⑨而有差别^⑩。"

〔今　译〕

　　"须菩提啊，你是怎么认为的呢？如来（在菩提树下）获得了最高的觉悟——无上正等正觉吗？如来（成道以后）确实有宣说教法吗？"

　　须菩提回答说："按照我对佛所宣说的教义的理解，没有一个固定不变的'法'可以称为无上正等正觉，也没有一个固定不变的'法'是如来可以宣说的。为什么呢？因为如来（所证得的和）所宣说的法，都是不可执著的、不可言说的，既没有（实有自性的）法相，也没有（实有空性的）空相。为什么如此呢？因为一切圣人和贤人，都是依照无为法（即绝对空性）而呈现各种差别。"

〔注　释〕

　　① 得：获得，证得。

② 法：这里指佛陀的言说教导以及其中所包含的哲理。关于法的各种不同含义，参见本书第51页注①。

③ 佛所说义：佛所宣说的教义，佛言说的意旨。

④ 定法：固定不变的法。这里"法"指东西、对象、实体，也可以理解为专指真理。梵文本中与"无有定法"相对应的文字直译作"没有任何一个这样的法"。

⑤ 取：执取，执着。

⑥ 不可说：不能用言语准确表达。佛陀所证得的最高觉悟，佛陀所要宣说的觉悟真理，都是本性空寂，超出思维认知和言语表述范围的。

⑦ 非法、非非法：既没有实在的法相，也没有实在的空相(非法相)。关于"法"与"非法"的具体内涵，参见本书第51页注①、第52页注②。

⑧ 贤圣：贤人和圣人。按照佛教教义，达到见道(清晰直观地看见出离轮回、解脱痛苦的道路)位次，从而获得完善的解脱智慧的修行者，称为圣人。达到见道位以后，经过若干阶段的修行，最终一定能证得涅槃。没有达到见道位次，只是以不完备的智慧修行各种为善去恶法门、趋向于圣人的修行者，称为贤人。

⑨ 无为法：这里是指无差别的绝对空性。

"无为(法)"是与"有为(法)"对称的一组术语。"有为"(saṃskṛta)，即有作为、有造作，"无为"(asaṃskṛta)，即无造作、无变化。"有为法"泛指因缘和合而成的一切事物，"无为法"指不属于因缘和合的事物。用哲学术语来说，有为法是有条件的存在，无为法是无条件的存在。有为法都有一个产生、变化、毁灭的过程，而无为法是本来如此、没有变化的。

⑩ 一切贤圣，皆以无为法而有差别：一切贤圣，都是依照绝对空性而呈现各种差别。

现存梵文本中对应句子的直译是，"因为圣人为无为所显现"，与

金
刚
经
译
注

罗什译本显然有别，而与真谛、玄奘、义净的译本一致。

〔解　析〕

　　一般人会怀疑，佛陀在菩提树下证道，之后又大转法轮、广宣佛法，明明是有证有说，有相有法，为什么却说"诸相非相"、"不应取法，不应取非法"呢？针对一般人的疑问，佛陀特别提出这两个问题：如来在菩提树下证得最高觉悟是实在的吗？如来宣说佛法是实在的吗？

　　从现象上说，这当然是历史事实，毋庸置疑。但从彻见毕竟空的般若智慧来看，这两个历史现象也是同归于空性的，并无可以执著的自性。这是佛陀现身说法，以自己的证道、说法为例，说明在毕竟空当中如何的一无所得。

　　佛教的万千法门，从自他关系来说，可总括为自证的证法和化他的教法。如来以自己的亲证和教化为例，说明一切法无非空性：（1）论证法，在泯绝诸相的涅槃现证当中，当然没有能证、所证的差别。如果说还有一个能证的智慧主体，一个所证的实相空性，这还是主客观相对的情形，哪里谈得上对于空性的亲证呢。正如《心经》所说，观自在菩萨在甚深的般若现观当中，乃是彻见空性，"无智亦无得"的。因此，"无有定法名阿耨多罗三藐三菩提"。（2）论教法，一切的名、言、文、句，都不可能准确表达如来亲证的诸法实相，当然更无定法可说。因此，"亦无有定法如来可说"。

　　应当注意的是，说一切佛法不可执著、不可言说，这是从佛教的绝对真理（第一义谛），也就是般若毕竟空来说的；而从世俗的相对真理来说，佛法当然是可取、可说的。不但可取可说，而且有明确的证果之道、说法之旨。涅槃之果虽然实相空寂，但它的功用却真实不虚，通向涅槃之路也清晰可循；如来说法虽无一定之规，但其宗旨始终都是明确的，说法的方式也是随顺世俗，不会违背世间真理。佛经中常说：如来狮子吼，常作决定说。这个"决定"，就是指如来的种种教说，都始终明确指向最高真理。不因事相的存在而妨碍对绝对真理的空性的认知，这就是没有实法，也就是"非法"；不会耽著于空相而妨碍对相对真理的事相的认知，这就是"非非法"。

为了让闻法大众将这两层真理统一起来，圆满地理解如来所证、所说的旨趣，佛陀又进一步谆谆教诲："一切贤圣，皆以无为法而有差别。"一方面，不论是声闻乘、缘觉乘、菩萨乘这三乘的圣贤，还是大圣佛陀，无不是因为体悟绝对空性这一无为法而得以名为圣贤，这泯绝诸相的平等空性无所差别。另一方面，作为绝对真理的平等空性虽然不可取、不可说，但它就体现在缘起的事相当中，它的作用真实不虚，三乘圣贤根据对这平等空性的体证程度的深浅，而有种种差别。

依法出生分第八

〔原　文〕

"须菩提！于意云何？若人满三千大千世界①七宝②以用布施，是人所得福德③，宁为多不？"

须菩提言："甚多，世尊！何以故？是福德，即非福德性，是故如来说福德多。"

"若复有人，于此经中受持④，乃至四句偈⑤等，为他人说⑥，其福胜彼。何以故？须菩提！一切诸佛，及诸佛阿耨多罗三藐三菩提法，皆从此经出⑦。须菩提！所谓佛法者，即非佛法⑧。"

〔今　译〕

"须菩提啊，你是怎么认为的呢？如果有人用堆满三千大千世界的七种珍宝来做布施，这人所得到的福德，是不是很多啊？"

须菩提回答说："是很多，世尊！为什么呢？这样的福德，就不是世俗所说的福德的性质，所以如来说他的福德很多。"

"要是有人，能够领受奉持这部经，哪怕只是短短的四句偈颂，为他人宣说，他所得的福德要胜过刚才那人的福德。为什么呢？须菩提啊！要知道，一切佛以及一切佛获得最高觉悟的方法，都是从这部经中生出的。须菩提啊！（如来）所谓的佛法，就不是（人们执以为实的）佛法。"

〔注　释〕

①　三千大千世界：古印度人的宇宙观，又称三千世界，指由小千世界、中千世界、大千世界三个层次的"千世界"组成的世界，即一个大千世界，不是指三千个大千世界。

古印度的世界观，将一个太阳和一个月亮照耀所及的世界称为一个小世界，每个小世界以须弥山为中心，以铁围山为边界，包含四大部洲。一千个小世界，构成一个小千世界；一千个小千世界，构成一个中千世界；一千个中千世界，构成一个大千世界。

按照佛教的世界观，一佛教化的国土范围涵盖一个大千世界，所以三千大千世界就是一个佛国。

②　七宝：七种珍宝，又称七珍。各种经典中七宝的具体所指并不一致，甚至同一部经典不同时期的译本所指也不同。鸠摩罗什译的《大智度论》、《阿弥陀经》中所说的七宝是金、银、琉璃（一种青玉）、玻璃（即水晶）、砗磲、赤珠、玛瑙。《大智度论》是对《大般若经》的注释，《金刚经》也属于般若类经典，本经所说的七宝应该也是指上述七宝。

③　福德：福祉、福利，指过去世和现在世修习善行、累积功德而获得的福报。佛教认为，福德和智慧是获得解脱的两个必备要素，只有福慧双修、两者兼备才能成佛。

④　受持："受"，领受，指听闻佛法后，对佛法产生信心，基于信心而接受佛教的真理。"持"，忆念牢记不忘，持守奉行。狭义是指接受佛教的真理之后，忆念牢记不忘；广义是指对于佛法坚持不移，并且身体力行。

广义的"受持"，包含十方面的要求，称为十法行：（1）书写：抄写佛经。在现代条件下，印刷或在网络上张贴佛经也可以视为写经的扩展；（2）供养：对放置佛经的处所，如经龛、藏经楼、塔寺恭敬礼拜；（3）施他：将佛经布施给他人；（4）谛听：认真听人诵读佛经；（5）披读：自己披阅读诵经典；（6）受持：领受教法，忆持不忘；（7）开演：演讲经典，使他人对佛法产生信仰和理解；（8）讽诵：朗读或背诵经文，令他人乐于闻法；(9)思惟：思考和理解经典中的含义；(10)修习：将经典中的教法付诸实践。

⑤ 四句偈：由四个短句组成的偈颂，泛指经文中的句子。

偈(gāthā)，又称"颂"、"偈颂"，音译为"伽陀"，是梵语和中期印度雅利安语中的一种押韵的诗歌或短句，通常有固定的音节数。与偈颂相对的体裁是长行，属于不押韵的散文。偈是佛教经文的一种常用体裁，中古印度语佛经多为偈颂体。

此处四句偈的具体所指，历代注家的理解不一。有人认为是泛指本经中的短句，意在强调，即使领受行持的不是本经的全文或大段经文，仅仅是只言片语、一句半偈，所获得的功德也不可思议。也有人认为四句偈是专指，具体是哪句，又有种种不同的意见，代表性的观点有：(1)指"无人相，无我相，无众生相，无寿者相"四句。(2)指"凡所有相，皆是虚妄，若见诸相非相，则见如来"四句。(3)指"不可取，不可说，非法，非非法"四句。(4)指"若以色见我，以音声求我，是人行邪道，不能见如来"四句。(5)指"一切有为法，如梦幻泡影，如露又如电，应作如是观"四句。这五种观点虽然对于四句偈的具体所指意见不一，但都认为《金刚经》的主旨在于破相遣执，即破除对于一切形相和概念的执著，所不同的只是究竟是哪四句最凝练地体现了这一主旨。

不过，从梵文句式来看，上述五种意见，有的音节不足四句偈之数，有的则又过之，有的在别的译本中不止罗什译本的四短句，所以上述意见是否妥当，还可以再斟酌。

对于一般读者来说，这段经文达其大义即可，不必纠结四句偈的具体所指。

⑥ 为他人说：向他人宣说此经的教义。佛教认为，向他人宣说佛法教理，是修学的重要内容。受持偏重于自利，而宣讲则偏重于利他。

⑦ 一切诸佛，及诸佛阿耨多罗三藐三菩提法，皆从此经出：一切诸佛，以及一切佛获得最高觉悟的方法，都是从这部经中产生的。

"一切诸佛"，指三世(过去、现在、未来)、十方(东、南、西、北、东南、东北、西南、西北、上、下）所有的佛。这无量诸佛，他们的法身是般若空性智慧，他们所证得的最高觉悟也就是对于诸法实相即空性的实际体验，而《金刚经》就是宣说这种般若智慧的，所以说一切诸佛，以及他们觉悟的最高真理，都是从此经产生的。包括本经在内的般若类经典，一般在篇首都有"皈依作为佛母的圣般若波罗蜜"这样的献词（"皈敬文"）。本经的梵文本、隋译本和其他语言译本也都有这一献词。

⑧ 所谓佛法者，即非佛法：如来所宣说的佛法，不是众生理解的执以为实的佛法。

A，即非 A，这种"即非"句式是《金刚经》的典型句式，第五分的"解析"中已有说明。此处可以作深浅不同的认识：从最粗浅的认识来说，只需要知道，佛陀所宣说的佛法，深邃广大，绝不是一般人所认识到的那样偏狭，更不是有些人所误解的恒常论或虚无论。稍微深入一些说，要知道佛宣说一切佛法，都是在教导众生认识诸法的实相，也就是空性，对于这些教法本身，不应该执以为常。也就是说，文字般若的作用，在于导向观照般若和实相般若，对于文字般若本身不可执著。而究竟地说，能观照的般若智慧，与所观照的诸法实相，都是同一空性的，在毕竟空的真切体验中，并没有意识所虚构出来的诸如佛法与非佛法的种种差别。

〔解 析〕

上一分中，佛陀亲身作证，让大家明白毕竟空中无定果可证，无定法可说。对于已经修行证果的三乘圣贤，这不消说是深信不疑的；但对于初学者而言，或许会有人因此误会为成佛纯属虚妄，修道乃是徒劳，从而沦入否定因果的虚无主义。为此，佛陀又特意说明深解空性的般若法门的无边功德。

《般若经》中说明般若法门的功德，最常用的方法是比较（传统上称为"校量功德"），而且在修辞上极尽夸张之能事，从而给人以深刻的印象。《金刚经》也是如此。堆满整个大千世界的珍宝，这大概是一般人能够想象的财富的极限了，用它来布施，功德不可谓不大。但是本经说，这么大的功德，也不如受持本经只言片语所得的功德！

一面是遍满大千世界的珍宝，一面是短短的四句偈颂，让一般人来衡量孰重孰轻，孰贵孰贱，孰取孰舍，恐怕个个都会目不转睛地盯着前者不放了。但是佛陀却明确地说，受持后者的功德胜过前者。对于不信佛教的人，这当然是毫无意义的夸诞之词。然而对于任何一个虔诚的佛教徒来说，佛陀是如实语者，不会欺骗弟子。那么如何理解此话，便是一个严肃的问题。

即使是遍满大千世界的珍宝，数量再大，在理论上也还是可以统计的，是有量有限的。而一切有量有限、有形有相的布施，它的功德无论多么大，也是有限的。但是如果受持《金刚经》，即使仅仅只言片语，也可以深刻理解诸法空性，这平等空性是宇宙的最高真理，世间万法都融归于空性的大海。空性的法海无穷无尽，它消泯一切有限的形相差别而同归于平等空性，所以它的功德也无穷无尽。就好比一道算式，不论分子多么大或多么小，只要分母无限趋近于零，结果就会是无穷大。任何布施，当把它看成是实有的时候，所得的功德都好比是分子，再大也是有限有量的；而深解空性之后，再小的布施，所得的功德也会是无穷大。

佛陀不但通过校量功德的方式，让大众明了般若法门的可贵，在这一分的结尾，还更加明白地说般若是诸佛之母、万法之源，"一切诸佛，及诸佛阿耨多罗三藐三菩提法，皆从此经出"。

这样明确地拨正沦于空相的可能误解之后，还是要归结到般若智慧的真谛：诸相非相。所以佛陀最后又说："所谓佛法者，即非佛法。"

为了令人建立信心而肯定某种事物，接着为了令人彻底明了它的空性，又随即予以消解；消解了对于表相的执著之后，为了防止人们对于空相的执著，随即又再以某种方式拨正。如此循环往复，层层转进。《金刚经》中通篇使用这种论述方式，历代解经的大德都形象地称之为随立随扫，随扫随立。通过这种方式，《金刚经》左右开弓，遣相拨无，既破斥对于实有的执著，又避免沦入顽空；既破除万法实有的常见，又破除否定因果的断见，从而确立起缘起不碍性空、性空不碍缘起的中道正见。

一相无相分第九

〔原　文〕

　　"须菩提！于意云何？须陀洹①能作是念：'我得须陀洹果'不？"

　　须菩提言："不也，世尊！何以故？须陀洹名为入流，而无所入，不入色、声、香、味、触、法，是名须陀洹。"

　　"须菩提！于意云何？斯陀含②能作是念：'我得斯陀含果'不？"

　　须菩提言："不也，世尊！何以故？斯陀含名一往来，而实无往来，是名斯陀含。"

　　"须菩提！于意云何？阿那含③能作是念：'我得阿那含果'不？"

　　须菩提言："不也，世尊！何以故？阿那含名为不来，而实无来，是故名阿那含。"

　　"须菩提！于意云何？阿罗汉④能作是念，'我得阿罗汉道'不？"

　　须菩提言："不也，世尊！何以故？实无有法名阿罗汉。世尊！若阿罗汉作是念：'我得阿罗汉道'，即为著我、人、众生、寿者。"

　　"世尊！佛说我得无净三昧⑤，人中最为第一，是第一离欲阿罗汉。我不作是念：‘我是离欲阿罗汉。’世尊！我若作是念：‘我得阿罗汉道’，世尊则不说须菩提是乐阿兰那行者⑥！以须菩提实无所行，而名须菩提是乐阿兰那行。”

〔今　译〕

“须菩提啊！你认为如何呢？获得初果者能产生这样的念头：‘我得到了初果’吗？”

须菩提回答说：“不能，世尊！为什么呢？初果被称为‘入流’，然而实际上他是无所进入的，不进入任何色、声、香、味、触、法当中，所以被称为初果。”

“须菩提啊！你认为如何呢？获得二果者能产生这样的念头：‘我得到了二果’吗？”

须菩提回答说：“不能，世尊！为什么呢？二果被称为‘一次往返（于欲界）’，然而实际上他是无所往来的，所以被称为二果。”

“须菩提啊！你认为如何呢？获得三果者能产生这样的念头：‘我得到了三果’吗？”

须菩提回答说：“不能，世尊！为什么呢？三果被称为‘不（再）来（欲界）’，然而实际上是没有来欲界这回事的，所以被称为三果。”

“须菩提啊！你认为如何呢？获得四果阿罗汉者能产生这样的念头：‘我得到了阿罗汉道果’吗？”

须菩提回答说：“不能，世尊！为什么呢？实际上没有哪种法可以称为阿罗汉。世尊，如果阿罗汉产生这样的念头：‘我得到了阿罗汉道果’，那么他就染著了我相、人相、众生相、寿者相。”

“世尊啊！您说我得到了（不与人起纷争的）无诤三昧，在众人中这方面最为出色，是离弃欲望的阿罗汉当中的第一名，但我不这样想：‘我是离欲阿罗汉。’世尊啊！我如果产生这样的念头：‘我得到了阿罗汉道果’，那么世尊您就不会赞许说：须菩提是欣乐少欲知足、与世无争的修行者。正因为须菩提实际上没有这样的行为，所以才称须菩提是欣乐少欲知足的修行者。"

〔注　释〕

①　须陀洹：梵文 srota-āpanna 的音译，意译为"入流"、"预流"。修行者断除了知见上的迷惑，获得清净的法眼，看清楚解脱的途径，达到这样的修证境界称为"须陀洹"，经典中常以"得法眼净"、"见道"来描述这个果位。达到这个果位的修行者不会再在生死轮回中随波逐流，而是断然逆流而上，由此脱离凡夫境界，进入圣者之道，所以称为"入流"、"预流"。须陀洹是声闻四果（声闻乘佛教修证所得四果）中最初的果位，所以又称初果。

②　斯陀含：梵文 sakṛdāgāmin 的音译，意译为"一来"、"一往来"，即最多往来人间一次便可获得解脱，是声闻四果中的第二个果位，又称二果、薄地。达到斯陀含果位的圣者，是在初果的基础上进一步修行，贪、嗔、痴等烦恼变薄，断除了欲界九品惑中的前六品，来世只需再到人间受生一次，便可达到涅槃解脱。

③　阿那含：梵文 anāgāmin 的音译，意译为"不还"、"不来"，是声闻四果的第三果。达到阿那含果位的圣者，是在二果的基础上进一步深入，彻底断除欲界的全部九品惑，上生到色界、无色界中，在那里继续修行，直到彻底断除烦恼、证得解脱，都不用再返还欲界，所以称为"不还"。

④　阿罗汉：梵文 arahat 的音译，意译为"应供"、"应真"，是声闻四果的第四果，即最高的果位。达到阿罗汉果位的圣者，是在三果的基础上进一步修学，最后断除了三界所有迷惑，获得了彻底的解脱，不再需要进一步修学，所以也称为"无学位"。arahat 这个词的词根意思是"应该"，指获得解脱的圣者应当不再有烦恼、应当不再有生死，从而应该受到人们的尊敬，所以同时兼具"杀（烦恼）贼"、"不生"、"应供"的含义。由于阿罗汉是获得解脱的圣者的称号，所以独觉和佛也可以称为阿罗汉。

⑤ 无诤三昧：安住于空理，不起争执、安宁和悦的三昧，又称为"无障三昧"。

"无诤"，梵文araṇā或araṇya的意译，音译即下文所讲的"阿兰若"。原指远离尘嚣的寂静场所，引申意为内心消弭纷争、归于安宁。"诤"的所指范围较广，既可以指身心失调、病苦缠身，也可以指内心烦恼躁郁，还可以指与他人紧张对立、冲突争斗。

"三昧"，梵文samādhi的音译，是包括佛教在内的各种瑜伽修行体系普遍使用的一个术语，指修行者的心念专注、安定于一处而不散乱的禅定状态。心达到三昧的状态时，会生发智慧，进而与所观境界冥合，分明了知，悟得真理。

"无诤三昧"是佛教中道原则的重要实践方式。它以八正道中的正定（正确的禅定）为基础，通过修习禅定达到四禅境界，从而远离苦、乐两边，实践"无苦、无烦、无热、无忧戚"的中道正行。

如前所述，须菩提在佛陀弟子中被普遍推许为"无诤三昧第一"。在《中阿含经·拘楼瘦无诤经》中，佛陀赞叹须菩提说："须菩提族姓子以无诤道，于后知法如法。"该经结尾偈颂说："知法如真实，须菩提说偈：此行真实空，舍此住止息。"这可能是本经说须菩提蒙佛赞誉，并自述无诤三昧的早期佛典依据。

⑥ 乐阿兰那行者：喜欢修习阿兰那行的修道人。

"阿兰那"，梵文araṇā或araṇya的音译，也译为"阿兰若"、"阿练若"、"兰若"，意译为"寂静处"、"远离处"、"无诤处"。阿兰那的字面意思是"森林"、"旷野"，指适合修道者习禅的寂静的林野之地，一般离城镇村落有一定距离（佛教经典中要求以听不见大牛吼声为基本距离，印度教经典中以看不见房舍的屋顶为基本距离），以便习禅不受干扰；但又不太远，以便乞食和居士往还。这种场所的环境和氛围，本身就暗示了寂静无诤的修道要求。

"阿兰那行"（āraṇyaka），远离城乡聚落的喧嚣愤闹，住在阿兰那而专心修道。

"乐阿兰那行者"（araṇā-vihāriṇām），指喜欢和选择这种与世无争的生活方式的修道人。从《阿含经》记载的佛陀教说来看，佛陀肯定和鼓励乐阿兰若行者恬淡寡欲、清净自守的生活方式。

〔解　析〕

　　第七分中，佛陀以证果说法为例，透彻地阐明"诸相非相"。最后，佛陀依于缘起本性的空寂和缘起事相的差别，将佛教的最高真理和世俗的相对真理融贯起来，指明"一切贤圣，皆以无为法而有差别"。也就是说，明心见性，了知诸法性空，诸相非相，这是三乘圣者共同证入的。第七、八两分已举如来为证，说明三世诸佛的智慧都从平等空性流出。这一分再引声闻乘圣者的自证来证成这无分别的法性。

　　古代的大德认为，《般若经》是"显教菩萨，密化声闻"。也就是说，《般若经》直接的目的是教化发无上菩提心的大乘行者，但《般若经》阐明的诸相非相、法性空寂的道理，小乘圣者基于他们真切的见道体验，也能够相信和悟入，所以《般若经》能够润物于无声，暗暗教化小乘圣者，使其转入大乘。这在《金刚经》中，便体现于佛陀所宣说的"一切贤圣，皆以无为法而有差别"的原理当中。

　　须陀洹是声闻乘的初果，断除了一切知见上的疑惑，获得清净的法眼，对于如何修道证果看得清清楚楚，从而预入圣者之流，不再在生死轮回中随波逐流，最多经七番生死，必定证入涅槃。须陀洹果之所以被称为"入流"，正在于它的本质是断除见惑、得法眼净、见寂灭性。从世俗的相对真理来看，见寂灭性的初果圣者是契入了法性——寂灭空性；但在亲证初果的圣者自己来看，法法空寂，不见有能证之我、所证之法，也不见有可证之空和可入之境。正是因为清晰了知空性，不涉入一切境相，他才自知已证入初果；若还是有相可入，有境可欣，有我能证，有法可求，哪还能称为入流呢！

　　同样的，证得二果的圣者，最多只需一往天上、一来人间受生，就可以断尽迷惑，所以被称为"一来"。但这也是世人眼中所见的情形。

在二果圣者的现观亲证中，早已没有受生数量和往来运动的差别相，哪还会思量上生天界、还生人间？二果的圣者早已不会生起实有自我的观念（因为这是得初果时就断除的），所谓"自己"在人天之间"一来"的活动相，也是了不可得。

三果的圣者，不再来欲界受生，所以名为"不来"。从世俗的真理看，他的确是"不来"。但在三果圣者的现观亲证中，既没有真实的不来者，也没有真实的不来法。既没有来相可著，也没有不来相可著。缘起法中，来和不来都是因缘和合的假相，通达性空离相的三果圣者，不会自以为有"不来"相可以安住。

沙门四果的最高果位阿罗汉，是在三果基础上进而断除上界（色界、无色界比欲界高，故称上界）的修所断惑，而得究竟解脱，名为阿罗汉。在世人的眼里，他断尽迷惑，彻证无生（即一切法不生不灭的空性），从而不再流转生死。但在阿罗汉圣者的亲证现观中，他彻悟一切法的生灭不可得。生灭尚不可得，当然更不会有无生可证可得。因为如有无生可见可证，早就是意识中生起的表相了，哪里还是什么无生！所以，在阿罗汉的亲证中，绝不会认为有无生法可证，也不会认为自己已证得无生法成为阿罗汉。如果有能证之我和所证之法的对待，不过是个执著我相、流转生死的俗汉，顶多是慢心未除的天道众生，哪是真正的阿罗汉！

须菩提已证阿罗汉果，所以现身说法，以自己的体验为佛陀的教导作见证：世尊称赞我在他众多大弟子当中无诤三昧第一，称赞我是离欲第一的大阿罗汉，可是我自己从不这样自居："我是离欲第一，我得阿罗汉果"，否则我就是著相、执我，流转生死了；若我自认为无诤第一，那就不配佛陀称赞我善于修习阿兰那行，因为有贡高我慢、扬自抑他之心，怎么可能真的与人无争呢。彻解空性，体达无我，从无我中生起无缘等慈、同体大悲之心，才会彻底与人无争。所以，须菩提的无诤三昧第一，正是立基于深解空性的空三昧。

从最高真理（胜义、第一义谛）的空性体证来说，沙门四果同一空性，无证无得；而从随顺世俗的相对真理（世俗谛）来说，四果的事相差别宛然如是。佛陀说，"一切贤圣，皆以无为法而有差别"，须菩提便以自己的亲证昭告大众，如来所说真实不虚。

庄严净土分第十

〔原　文〕

佛告须菩提："于意云何？如来昔在然灯佛^①所，于法有所得不？"

"世尊！如来在然灯佛所，于法实无所得。"

"须菩提！于意云何？菩萨庄严^②佛土不？"

"不也，世尊！何以故？庄严佛土^③者，则非庄严，是名庄严^④。"

"是故须菩提！诸菩萨摩诃萨应如是生清净心^⑤：不应住色生心，不应住声、香、味、触、法生心，应无所住而生其心。"

"须菩提！譬如有人，身如须弥山王^⑥，于意云何？是身为大不？"

须菩提言："甚大，世尊！何以故？佛说非身，是名大身^⑦。"

〔今　译〕

佛告诉须菩提："你认为如何呢？如来过去世在燃灯佛那里，对于法有实际的获得吗？"

"世尊！如来过去在燃灯佛那里，对于法并没有实际的获得。"

"须菩提！你认为如何呢？菩萨装饰严净佛土了吗？"

"没有，世尊！为什么呢？所谓装饰严净佛土，就不是装饰严净，所以才称为装饰严净。"

"所以啊，须菩提！各位菩萨大士应当这样来生起清净心：不应当停住于色而生起心，不应当停住于声、香、味、触、法而生起心，而是应当没有任何停住而生起他的心。"

"须菩提！譬如有个人，他的身体像世上最高山须弥山那样高，那么你认为呢，这样的身体是不是很高大？"

须菩提回答说："很高大，世尊！为什么呢？佛说（这样的身体，就）不是（实有自性的）身体，所以称为高大的身体。"

〔注 释〕

①　然灯佛：又称定（锭）光佛，过去世中为释迦牟尼的前身梵志儒童授记（即预言其未来会成佛），是过去诸佛中最有名的一位。根据《修行本起经》、《增一阿含经》、《四分律》、《大智度论》等经典的记载，燃灯佛出生时，身边一切光明如灯，故名燃灯，成佛后也仍以燃灯为名。

释迦牟尼在过去世修菩萨行，修到第二阿僧祇劫满时，生为梵志儒童（南传佛教经典中名为善慧）。他在雪山拜师修学，学成出山入城，化缘求得五百金钱，准备酬报师恩。但他从行人口中得知燃灯佛将来此地，感到机会难得，就倾其所有，买了五朵金色莲花去礼佛。见到燃灯佛及其弟子的威仪容止之后，发起深信，将花朵撒给燃灯佛以为布施。看到燃灯佛要经过的道路泥泞有一洼污水，就伏身在地，将自己的长发铺在水洼上以利燃灯佛行走。燃灯佛为儒童授记，肯定他未来世中当在婆婆世界得道作佛，名号为释迦牟尼。

这一本生谭故事发生在犍陀罗以西的那揭罗曷（nagaraha），属于魏晋南北朝时期中国佛教界认知中的罽宾范围。此外，这一故事在犍陀罗佛教造像艺术中极为流行，是最主要的本生谭造像主题之一，也是最典型的佛菩萨放光造像类型。

②　庄严：梵文 vyūha 的意译，意为用美好的事物装饰，使得对象更加端正严净，例如用七宝、香花等装饰佛像、寺塔。佛经中也经常用比喻和象征的方式使用庄严一词，例如用福德和智慧来修身进德，是修学的两个基本科目，称为二种庄严。

③　庄严佛土：梵文为 kṣetravyūhā，意为装饰佛的国土，使之更加美好明净，包含物质和精神两方面的净化。"庄严国土，利乐有情"是大乘佛教的习语，也是大乘佛教慈悲济世精神的重要体现。

④　庄严佛土者，则非庄严，是名庄严：这一分开始出现这种"说A，即非A，是名A"的句式。对于这种句式的详细说明，参见第五分之"解析"。这里仅举出一种相对浅显易懂，而且比较符合中观学派见地的理解：佛陀所说的因缘和合而成的"庄严佛土"，是空无自性的，不是一般人误会为实有自性的庄严(非庄严)，这样基于空性而呈现如幻缘起相的庄严，才是佛陀教导的庄严。

⑤　清净心："清净"，与"染污"相对，偏重于精神层面，指远离由不良行为导致的过失烦恼，让自我身心与周遭环境清洁明净。"清净心"，无疑的信心，无垢的净心，不杂烦恼的心。这里指无住之心。因为心不执著任何对象，所以没有任何错误认识产生的尘垢污染其心，所以是清净心。

⑥　须弥山王："须弥山"，梵文 Sumeru 的音译，意译作"妙高山"，是印度神话中处于世界中心的最高峰。因为是众山之王，所以称为"须弥山王"。在佛教的宇宙观当中，须弥山是一个小世界的中心，半山腰是四大天王所居之处，山顶的忉利天宫则是帝释天所居。根据《法华经·劝发品》的记载，仅凭书写《法华经》的功德，来世即可上生忉利天。佛陀的母亲死后也是上生到忉利天宫。

⑦　大身：高大的身体，(譬喻和象征意义上的)伟大的身体。

〔解　析〕

上一分从声闻弟子的体证来说诸相非相，"一切贤圣，皆以无为法而有差别"。这一分，再从菩萨乘来证成一切贤圣所证之果同一空性。因为听法的大众是千二百五十人的声闻大弟子，所以佛陀再次现身说法，以自己过去世的菩萨乘修行为证。

站在尚处于凡夫境界的一般佛教信仰者的立场，儒童梵志供养燃灯佛，燃灯佛为他授记，预言他将来一定成佛，这不仅是过去世中真实发生的"历史"，而且在后世当中已经得到证实，所以儒童梵志一定是从燃灯佛那里获得了密传秘授的大法。从随顺世俗的相对真理来说，儒童的确已经证得无生法忍，所以燃灯佛才为他授记，断言他必将成佛；但在已经正见空性的三乘圣者看来，当然知道生灭不可得，在无生法忍的现观亲证中，不生不灭也不可得，所以不会误以为有什么密传的心法、别传的秘诀。要是有法可得，有果可证，哪里还是证得空性的圣者，恐怕是天魔外道了。须菩提虽然只是声闻弟子，但也已经亲证空性，所以很清楚不存在有密法可得这回事。

已经证得无生法忍、获得佛的授记的菩萨，接下来所要开展的修行事业主要就是两项：一、庄严佛土，二、利乐众生。所谓庄严佛土，就是将苦难的、专制的、不公正的、不自由的丑陋世界，转化为幸福的、民主的、公正的、自由的美好世界。修习大乘佛法，以成佛自许，却不关注现实的社会、苦难的众生，但求一己的早日解脱，这样的发心成佛，不过是以成佛装点门面，正是太虚大师痛切批评的"名为大乘，实为小乘"。所以从世间事相来说，必须有庄严佛土的实际践履，才堪称是真正行菩萨道。但在得无生法忍、已证入圣位的菩萨自己看来，庄严佛土、利乐有情也是如幻如化，不可执相而求的。须菩提虽不是菩萨，但作为亲证空性的圣者，对于庄严佛土的空性也是可以了知的，所以他明确地回答佛陀，"庄严佛土者，则非庄严"；然而了知庄严佛土的空性，并不意味着可以耽著空相，无所作为，这如幻如化的庄严事业，还是需要力行不怠。近代禅门大德虚云法师常说："镜花佛事常做，水月道场常建。"虽然了知佛事、道场真实本性空寂，宛如镜花水月，但这如幻的表相，还是有利济群生的大用，所以仍需常做常建。因此，庄严佛土而不以为实有，深解空性而不耽于空相，这才是如来教导庄严佛土的真实义，"是名庄严"。

佛的国土之所以可以庄严明净，正在于国土也是缘起性空的，因而在因缘具备的时候可以转秽土为净土；如果秽土是定有实性不可改变的，秽就不可能改善、消灭。正因为国土没有不变的自性，随众生观念的邪正、行为的善恶而或秽或净，所以庄严国土才有可能实现。

不仅秽土是空性的，靠众生同愿同行、最后众善同归所建成的佛国净土也是空性的。佛陀以净土劝化众生认识秽土的不净、无常、苦迫，产生追求解脱、欣乐净土的意愿，不是要大家耽著于净土的宝相庄严，如七宝楼台、天衣美食、天乐妙香、不死永生等等。要知道，一切美丽的色相、宛转的音声、芬芳的香气、可口的滋味、舒适的乐触、惬意的想象，都如幻如化，空无自性。执相而求，从此起贪、起嗔、起痴，便是三毒，进而生发种种痛苦。所以，站在建设净土的菩萨自证的境界来说，对于净土"不应住色生心，不应住声、香、味、触、法生心"，而要生一尘不染的清净心，即不住著于色、声、香、味、触、法六尘中任何一尘。这样的"无所住而生其心"，才符合菩萨行者建立净土的本怀。

"应无所住而生其心"，这是《金刚经》中的名句。禅宗六祖慧能大师，半夜到五祖房中听五祖讲《金刚经》，便是听到这一句时"言下大悟"。

庄严佛土，侧重于菩萨教化他人的功德。在世人看来，修集这无量功德，菩萨自己获得的福报是具备三十二相、八十种好的庄严身相。然而菩萨自己深知，相好庄严的肉身，不过是菩萨的报身，虽然远胜众生的肉身，但并不是菩萨所追求的。修集福慧，最终是要彻悟诸法实际，与佛同见同证法身。这法性之身，以智慧为体，即使以须弥山为喻，也不足以形容比况其巍峨庄严，而这法身绝不是凡夫肉眼所能知能见。唯有体达诸法空性，了知法身无相可觅（法身非身），才是真正地见到了佛的大身。

"于法实无所得"的无生法忍、无住其心的庄严佛土、大身非身的成就法身，勾勒了菩萨乘行者从获得授记开始，经过庄严佛土、利乐有情的不断精进努力，最终修成正果、证得法身的成佛历程，而贯穿始终的是平等空性的无为法。佛陀就这样善巧说法，以自己在菩萨地的修行历程谆谆教诲，"一切贤圣，皆以无为法而有差别"，从而让大家明白，唯有安住于诸相非相的平等空性，才是真正的安住其心、真正的降服其心。

无为福胜分第十一

〔原　文〕

"须菩提！如恒河中所有沙数，如是沙等恒河，于意云何？是诸恒河沙宁为多不？"

须菩提言："甚多，世尊！但诸恒河尚多无数，何况其沙。"

"须菩提！我今实言告汝：若有善男子、善女人，以七宝满尔所恒河沙数①三千大千世界，以用布施，得福多不？"

须菩提言："甚多，世尊！"

佛告须菩提："若善男子、善女人，于此经中，乃至受持四句偈等，为他人说，而此福德胜前福德。"

〔今　译〕

"须菩提！譬如恒河中所有的沙子那样的数量，若有与这些沙的数量相等的恒河，你认为呢？这么多数量的恒河中的沙子是不是很多？"

须菩提说："很多，世尊！仅仅是这么多的恒河就已经多得不计其数了，何况是其中的沙子。"

"须菩提！我现在实话告诉你：如果有品性良善的男子、女子，用七种珍宝来堆满刚才所说的这么多恒河中的沙子数量的三千大千世界，这样来做布施，那人所获得的福祉多不多？"

须菩提说："很多，世尊！"

佛告诉须菩提："品性良善的男子或女子，对于这部经，即使只是信受奉行其中的四句偈，为其他人宣说，那人这样做所得的福祉功德，都要超过前面所说的功德。"

〔注　释〕

①　恒河沙数：梵文 Gaṅgānadī-vāluk-opama 的意译，意为像恒河中沙子的数量那么多。印度成语，形容非常多、多得数不清。

恒河是印度三大河流之一，被视为象征印度文化的圣河。恒河中下游地区是佛教的发源地，也是释迦牟尼佛住世时游方教化的中心，佛教史上称为"中国"。印度教徒认为，在恒河特别是恒河左岸的瓦拉纳西沐浴，或是死后将骨灰葬于恒河，能够涤除罪恶、净化身心，是具有无上功德的盛事。印度古籍《摩诃婆罗多》中说："或许能数清梅尔山（即佛经中的须弥山）或大海里所有的宝石，但是却无法衡量计算出恒河的功德。"佛教经典中常用"恒河沙数"来形容数字之大。

〔解　析〕

从第七分开始，佛陀为了畅显诸相非相，故而应无所住的道理，进一步指出三乘圣贤所证所得，都是从诸相非相的平等空性流出，"一切贤圣，皆以无为法而有差别"，并举如来自身、声闻四果圣者、佛陀前世修菩萨行为例，逐一说明佛、声闻、菩萨所证所得，在平等空性上说，都是无证无得的。

说到这里，佛陀为了避免部分尚未见道的弟子产生"圣贤不可得"、"佛道不可成"的误解，便再一次作比较（校量功德），畅显这平等空性的般若法门所具有的无边功德。

本经的校量功德，很明显的一个特点是层层转进。第八分中用堆满一个大千世界的七宝做布施，来凸显受持本经的功德；这里则用堆满恒河沙数乘以恒河沙数的大千世界的七宝来作比较，说明即使以如此不可胜数的七宝做布施，所得的功德也不及受持本经四句偈颂所得。可见受持金刚般若法门是何等的殊胜！

这里我们也可以看出佛教文学想象力的丰富和发达。中国传统文化中，原来也有关于天堂、地狱的想象，但佛教传入以后，天外有天，光天界就设置了二十七个高低不同的层次；地狱也是一层又一层，有十八层地狱、一百三十六种地狱等种种繁复的名目。同样，这里为了渲染珍宝之多，提出的七宝总量，堆满恒河沙数乘以恒河沙数的大千世界。这么大的数量，我们在瞠目结舌之余，大概只能感慨古印度人数学思维之发达了。这种瑰丽雄奇的想象力，也和印度宗教文化中禅定瞑想特别发达有关。

这一分提出来作比较的七宝数量，比起第八分提出的数量来，可以说更大得超过我们一般人的想象了，但是这么多的七宝布施，所得的功德仍不及受持或为他人宣说本经一首偈颂的功德。为什么？原因还是在于，只有从平等空性流出的无相布施，才是不可穷竭的；如果是有相布施，即使施物多如这恒河沙数的大千世界的七宝，虽然在我们一般人看来几乎无穷大，但实际上还是有限有量的。

尊重正教分第十二

〔原　文〕

"复次，须菩提！随说①是经，乃至四句偈等，当知此处，一切世间②天③、人④、阿修罗⑤，皆应供养⑥，如佛塔庙⑦，何况有人尽能受持读诵。须菩提！当知是人成就最上第一希有之法⑧。若是经典所在之处，则为有佛，若尊重弟子⑨。"

〔今　译〕

"还有，须菩提！随处宣说这部经，哪怕只是其中的四句偈，要知道这个地方，就是世界上一切的天、人、阿修罗都应该供养的地方，就像供养佛的塔庙一样。更何况有人能够详尽地领受、持有、读念、背诵（整部经）。须菩提！要知道这样的人成就了最稀有难得的法。假如这部经典在哪个地方，哪里就如同有佛，如同有值得尊重的佛弟子。"

〔注　释〕

①　随说：不拘于所在何地，随处宣说。有的注家解释为随顺众生而说法，未尝不可，但对照梵文本和其他汉译本，仍以随处宣说为正。

②　世间：指变动不居的现象界。"世"是迁流坏灭之意，"间"是处于其中，指一切处在运动变化当中的事物。"世间"的梵文词 loka，词根有"毁坏"的含义，所以一切有生有灭的现象都属于世间。

世间分为有情世间和器世间。前者指六道众生，如人道即为人世间；后者指众生所生存的环境，如山河大地、大千世界等。

③　天：指六道中的天道众生，也称为"天人"，享受比人间更美好的福报，这一点类似中国文化中的神仙。但按照古印度的神话观念，天人仍在生死轮回之中，也有福报享尽而衰亡的时候，临终之时会出现五种衰败之相，叫做"天人五衰"：（1）衣裳垢腻：本来清净华妙，甚至连针脚缝隙都没有的天衣（成语"天衣无缝"即据此而来），此时会黯然蒙尘；（2）头上花萎：天人头上的花鬘本来总是鲜灵的，此时会枯萎凋谢；（3）身体臭秽：天人本来是没有体臭的，这是会出现不好闻的体味；（4）腋下汗出；（5）不乐本座：天人本来安享清福，临终时出现种种不安之相。

天界众生的层次类别繁多，广泛存在于从欲界、色界到无色界的三界当中，部派佛教论书中列出二十七种不同层次的天，最低的是四天王天，最高的是非想非非想处天。

因为天界比人间生活更舒服，所以对于不信佛法或刚开始接触佛法的众生，佛陀会随顺他们追求现世及来世福报的心理，教导他们如何才能通过布施、持戒等现世的善行，来世得生天界。然而天界虽是乐多苦少，却也容易耽于安逸，反而不如在苦乐均等的人间更容易修道解脱，所以佛陀会向已经开始对佛法产生兴趣的在家人，进一步宣说天界福报的局限、过患，唤起他们的警觉，使其厌离对于天界安乐的欣羡，生发修道追求解脱之心。

④　人：六道中的人道。

佛教认为人道在五道或六道众生中有其特殊的优点：其他各道，地狱、饿鬼、畜生三恶道太苦，很难修行；天道和阿修罗道则苦少乐多，容易安于现状、不思进取，不利修行；只有人间在整体上苦乐均衡，容易让人警醒到苦乐的果报取决于自己行为的善恶，从而产生修道求解脱之心。

佛教认为生而为人十分难得。佛经中有个著名的譬喻：大海中有只盲眼乌龟，百年才浮出海面一次。海上有块浮木，木上有个小洞能容乌龟的脑袋穿过。众生在六道生死中轮回流转，生而为人的几率正如盲龟穿过浮木一样微乎其微。所以，人身难得，佛法难闻，应该抓住机会修道追求解脱，如果蹉跎岁月、虚掷光阴，不但愚不可及，而且悔之晚矣。

⑤　阿修罗：六道中之一道。在五道众生中则不单列为一道，而并入天、人、饿鬼等道。

印度神话认为，阿修罗是一种性格暴躁的神明，好勇斗狠，常与天道对抗。日蚀、月蚀就是由于阿修罗侵犯日月引起的。

在佛教世界观中，阿修罗是六道之一和天龙八部之一，因为嗔(暴躁忿怒)、慢(骄傲)、疑等习性，容貌丑陋。阿修罗有美食而无美女，天众有美女而无美食，两者互相嫉嗔，争斗不止，战争异常惨烈，所以古代通俗文学中常用修罗场来形容战场惨不忍睹的情景。

⑥　供养：供给资养，指以财物或语言、行动支持佛教事业。

供养的物品，称为供物、供品、供具。按供物类别的不同，有二种供养乃至十种供养的不同。其中，最基本的是二供养，即财供养和法供养。前者指信徒以饮食、医药等财物供养佛法僧三宝，后者指说法者以佛教教理教导大众。汉传佛教寺院中佛前的供品，一般为六供养，即(香)水、涂香、焚香、花、饮食(一般为水果)、灯明。禅宗寺院的六供养，很多以茶取代涂香。

供养的对象，可以是佛、菩萨、阿罗汉等圣者，或者是诸天护法，也可以是现前的僧众，还可以是死去的亲人，但供养亡者一般要通过供养三宝，将所得的功德回向给亡者才能实现。

供养对于僧团的生存与正常运作十分重要，因此在佛教仪式中特别受重视，有各类详细的规定。在密教的仪式中，各类供养法尤其繁多。

⑦　塔庙：此处梵文本的用词是 caitya，音译为"支提"，即塔。"庙"，在中国文化中本来是指奉祀祖先或圣贤神明的场所，即宗庙。汉文佛典用这个词意译梵文 stūpa，音译"窣堵波"。《法苑珠林》卷三十七《敬塔篇》云："塔……西梵正音名为窣堵波，此土云庙。庙者貌也，即是灵庙也。"

支提(caitya)和窣堵波(stūpa)都可以称为塔，当强调两者的区别时，前者无舍利，后者有舍利，但是佛典中经常有不加区分的用法。这里说塔庙，也是不加区分的用法。

佛在世时，佛教以佛为中心；佛灭以后，佛教以僧团为中心，而以舍利塔为佛陀住世的象征；到了大乘佛教时代，典范转移，强调以法为中心，依法不依人。般若是诸佛之母，《金刚经》法宝是入般若智慧之门，所以这里强调对《金刚经》要像对待佛住世的象征——塔庙那样恭敬供养。

⑧ 最上第一希有之法：至高无上、旷世罕见的法宝，也就是最高觉悟——阿耨多罗三藐三菩提。

⑨ 若尊重弟子：犹如有值得尊重的佛弟子。佛在世时，佛是佛教徒们最尊重的；佛入灭之后，亲闻佛陀教法的上座弟子就是佛教徒们最尊重的。

〔解 析〕

般若法门的功德如此不可思议，当然值得普遍尊敬。所以佛陀紧接着说，无论何时，无论何地，如果有人宣说本经，哪怕只是只言片语，这个地方，就是世间一切众生——天、人、阿修罗等都应当尊重恭敬，用香、花、灯、乐等供品来供养的，就像供养佛的塔庙一样。也就是说，就像供养佛一样。

为什么对《金刚经》宣说的般若法门要如此敬重？因为在佛法僧三宝当中，法是最核心的。佛在世时，人们对于三宝的敬信以佛为中心，因为佛就是法最生动的体现。佛灭以后，三宝以僧为中心，佛法主要依赖僧团来续佛慧命，所以对僧的敬重，便是对法的敬重；而供养佛舍利的塔庙，则成为佛陀住世的象征。大乘佛教兴起，三宝转移为以正法为中心，大乘佛教强调"依法不依人"，便是要凸显正法的中心地位。

般若法门，是大乘佛法的心髓。三世诸佛，都以般若为母；万千法门，都从般若流出。有此般若智慧，便是佛陀的法身常住，所以它是"最上第一希有之法"。因此对般若法门，要像对佛陀那样尊重、供养。

如法受持分第十三

〔原　文〕

　　尔时，须菩提白佛言："世尊！当何名此经，我等云何奉持①？"

　　佛告须菩提："是经名为《金刚般若波罗蜜》，以是名字，汝当奉持②。所以者何？须菩提！佛说般若波罗蜜，则非般若波罗蜜③。"

　　"须菩提！于意云何？如来有所说法不？"

　　须菩提白佛言："世尊！如来无所说。"

　　"须菩提！于意云何？三千大千世界所有微尘④是为多不？"

　　须菩提言："甚多，世尊！"

　　"须菩提！诸微尘，如来说非微尘，是名微尘。如来说世界，非世界，是名世界。"

　　"须菩提！于意云何？可以三十二相⑤见如来不？"

　　"不也，世尊！不可以三十二相得见如来。何以故？如来说三十二相，即是非相，是名三十二相。"

　　"须菩提！若有善男子、善女人，以恒河沙等身命布施；若复有人，于此经中，乃至受持四句偈等，为他人说，其福甚多。"

〔今 译〕

这时候，须菩提问佛陀：“世尊啊！这部经应该叫做什么名字？我们应当如何来奉行持守它？”

佛陀告诉须菩提：“这部经名字叫做《金刚般若波罗蜜经》。你应当按照这个名字（揭示的要旨）来奉行持守它。为什么呢？佛说般若波罗蜜，就不是（实有自性的）般若波罗蜜。”

“须菩提，你认为如何呢？如来有实际宣说的法吗？”

须菩提回答佛陀说：“世尊啊，如来没有实际宣说的法。”

“须菩提！你认为如何呢？三千大千世界中所有微尘的数量是不是很多啊？”

须菩提回答说：“很多，世尊。”

“须菩提啊！各种微尘，如来说不是（实有自性的）微尘，所以称为微尘。如来所说的世界，不是（实有自性的）世界，所以称为世界。”

“须菩提啊！你认为如何呢？可以从伟人的三十二种身体特征来看如来吗？”

“不能，世尊！不可以从伟人的三十二种身体特征而看见如来。什么缘故呢？因为如来所说的三十二种伟人相，就不是（实有自性的）三十二种伟人相，所以称为三十二种伟人相。”

“须菩提！如果有品性良善的男子或女子，用与恒河沙数量相当的身体性命来做布施；而另外有人，对于这部经，哪怕只是领受、持守其中的四句偈，为他人宣说，后者所得的福祉也要比前者多很多。”

〔注 释〕

① 奉持：尊奉、持守。指领受教义，依教奉行，并弘化流通。

② 是经名为《金刚般若波罗蜜》，以是名字，汝当奉持：这部经名字叫做《金刚般若波罗蜜经》，你应当按照这个名字来奉行持守它。

梵文本第一句直译作“这个法门名为‘般若波罗蜜’”，没有“金刚”两字；汉译本中笈多、义净译本也没有。

"以是名字，汝当奉持"，字面意思是，"你应当按照这样一个名字来记住这个法门（或这部经）"。这里意译为"按照这个名字（所揭示的要旨）来受持某部经"。

大乘佛典的经名，往往有概括其主旨的作用，所以可以由名称而记住其要旨。但在东亚后来的佛教史上，发展出独特的奉持经名的修行法门，如汉传佛教法会中诵持各部经典的名称，也有专门礼颂"大方广佛华严经"之名为修行，日本日莲宗有专念"南无妙法莲华经"的法门。这些修行法门，可能都受到《金刚经》此处思想的影响。

不过从《金刚经》本文来看，似乎没有特别强调诵念经名的意思，更可能是强调要通过忆念经名而受持全经心要。

③ 佛说般若波罗蜜，则非般若波罗蜜：佛陀宣说的般若波罗蜜法门，不是一般人所误解的实有自性的般若波罗蜜。（而是空无自性的，所以如来才称之为假名和合的般若波罗蜜。）

这一句玄奘译本作"如是般若波罗蜜多，如来说为非般若波罗蜜多，是故如来说名般若波罗蜜多"，是完整的"A，如来说非A，是故名A"句式，内涵与罗什译本一致，但文意更显豁。

④ 微尘：对应的梵文词是 aṇuḥ，又称微、尘，是眼根所能感知的最小对象，但非一般人肉眼能见，要凭禅观获得的天眼才能看见。现存梵文本此处的用词是 pṛthivīrajas，是"地尘"、"细尘"的意思，未必就是微尘。藏译本中对应词意为"原子"。

⑤ 三十二相：又称三十二大人相，伟大人物所具有的三十二种身体特征。印度宗教认为，杰出的统治者（转轮王）或是杰出的宗教师，会具有三十二种与众不同的身体特征，例如明眸皓齿、四肢修长等。佛教继承了这种观念。此外，还有八十种细小的身体特征体现佛陀相貌的妙好庄严，称为八十种好。两者合称"相好"。参见本书第 34 页注①。

〔解　析〕
　　一场法会，佛陀宣说法义之后，本场法会的当机者便会请教佛陀，这场法会的主旨是什么？这个法门应当以何为名？如何受持？这是大乘佛典的惯例。须菩提作为本场金刚法会的当机者，便请教佛陀这一般若法门应当以何为名，如何忆念奉行。

大乘佛典的名称，往往有概括全经大义、标举全经精要的作用。《金刚经》也是如此，这个题目指示了本经的核心思想——如何发起金刚不坏的菩提心，如何安住于这种菩提心而不动摇，如何降服如金刚般坚固的妄心杂念，修成金刚不坏的般若智慧。

这一金刚不坏的菩提心，精义在于一方面令一切众生"入无余涅槃而灭度之"，同时又深切地体认到"实无众生得灭度者"。因此，在实际修持当中，修行者应当深知诸相非相，从而心无所住，不被妄想诱惑、沮坏。这便是受持《金刚经》的原则。佛陀又教导须菩提如何在修持实践中贯彻这一原则：

一、教法无说：应知佛陀传授的般若法门是平等空性、诸相非相的。佛陀所说的般若法门，不是一般人所理解的实有自性的智慧。第一，从文字般若的层次来说，常人总以为佛陀教导的般若法门是可以明白体现诸法本性的，殊不知如来所要彰显的性空之理，虽不离语言文句，却并不是语言文句可以直接表达的。执著于语言文句，早就不是如来所要指示大家去认识的空寂法性了。第二，从观照般若的层次来说，若认为实有般若智慧能观照，实有诸法自性可观照，早已是执相而求，远离空性了。第三，从实相般若的层次来说，毕竟空中泯绝诸相，哪还有般若波罗蜜这种名相呢。所以，"佛说般若波罗蜜，则非般若波罗蜜"，"如来无所说法"。

如来无教法可说，这在第七分佛陀现身说法，举自己为例说明"一切贤圣，皆以无为法而有差别"时已经讲过，这里再重申一遍，但侧重点有所不同：第七分中侧重于依据如来（区别于声闻、菩萨）所证所教以明离言无说，这里侧重于依据般若法性以明离言无说。

二、世界非实：小到微尘，大到大千世界，都是空无自性、虚妄不实的。

讲了教法非实之后，为什么佛陀这里转而谈起微尘和世界呢？对此有种种不同解说。

一种意见认为，上面刚讲了如来无所说法，为了避免人们陷入断灭论的妄见，所以就近取譬，以我们身边最小的可观察单位——微尘，和一般人所认知的最大范围——世界为例，说明在如来缘起性空的正见中如何认识微尘与世界的虚妄无实，从而消除人们的误解。这种意见不足取，因为如来说明无所说法的句式和这里说明微尘、世界的句式是同一类型，不存在理解难度的差异。

传统的中观学者中有人认为，这里是"析世界成微尘"，说明一一法都无本体。这固然不错，但还是没有说明白为什么此处要谈论这个问题。

唯识家的注解认为，这是照应前面的校量功德的经文。以世界譬喻财施，以微尘譬喻烦恼。佛陀的本义是说明，受持本经哪怕很少一句，所得福德甚大；而单纯的财施，纵然遍满世界，也是福德有限，甚至增生烦恼。这或许是有价值的发挥，但从文句本身，比较难以看出这种照应关系。

有的禅家注解认为，若以微尘视之，则触目皆尘，万象森然；若以世界等观，则一体虚空，同归冥寂。这也只能视为有价值的发挥，不太容易从文句本身得到支持。

今人印顺法师则认为，这一分，都是在说明如何奉持此经，都是从教化之体来说明。上面讲"如来无所说"，属于"化法离言"，如来教化之法是离于言说的；这里讲微尘乃至世界非实，属于"化处非实"，即如来教化的方所是如幻不实的；接下来说法的如来身相非相，属于"化主非相"，即教化的主体如来也是无有定相的。三者紧扣教化之体，说明诸相非相的核心思想，是对如何依据经名来受持本经的扼要说明。这种解释，发挥的成分较少，比较贴近文本，也吻合上下文的脉络，更为可取。

三、如来非相：不可以身相见如来，身相非实。这个道理在第五分已经阐明，为何这里又予以重申？古代解经的大德认为：彼处重在说明，见法即见如来，是破除对法身佛有身相的疑惑；此处重在说明，对众说法教化的主体无有定相，即化身佛无有身相。这样，上述三个方面，分别从教化之法、教化之处、教化之主说明诸相非相，一切空寂，如幻如化。这样安住于毕竟空，才是金刚不坏的般若法门，应当如此受持本经，依教奉行。

最后一段，佛陀第三次校量功德，来说明受持本经的功德。

第八分的校量功德，以充满一个大千世界的七宝布施为喻，第十一分则以充满恒河沙数的大千世界的七宝布施为喻，这里以恒河沙数的身命布施为喻，来衡量和凸显受持本经以及宣扬本经的功德。

前两处作比况的，都属于财布施，这里则是无畏施——献身布施。布施的精义，在于舍己以利人。在世人眼中，人最宝贵的莫过于生命。以命为施，可谓难乎其难，当然功德要更胜于以财为施。

但即使以命为施，所得的福报功德也还是有形有相、有限有量的，因而总有消竭的时候，所以还是不能度人脱离轮回。只有以法为施，才是精神的救济，能启迪智慧，最终让自己和他人彻见空性，度脱生死，这才是究竟的布施。所以即使是以命为施，仍然不如受持和宣扬本经所得的功德。

离相寂灭分第十四

〔原　文〕

　　尔时，须菩提闻说是经，深解义趣，涕泪悲泣，而白佛言："希有，世尊！佛说如是甚深经典！我从昔来所得慧眼^①，未曾得闻如是之经。"

　　"世尊！若复有人得闻是经，信心清净，则生实相^②，当知是人，成就第一希有功德。世尊！是实相者，则是非相，是故如来说名实相。"

　　"世尊！我今得闻如是经典，信解受持^③不足为难，若当来世，后五百岁^④，其有众生得闻是经，信解受持，是人则为第一希有。何以故？此人无我相、人相、众生相、寿者相。所以者何？我相即是非相，人相、众生相、寿者相即是非相。何以故？离一切诸相，则名诸佛^⑤。"

〔今　译〕

　　这时候，须菩提听闻佛陀宣说这部经，深刻地理解了它的含义与宗旨，涕泪交加，感极而泣，禀告佛陀说："真是难得啊，世尊！佛陀您宣说如此深刻的经典。我从过去世以来修行获得了智慧之眼，但从未能听闻这样的经典。"

　　"世尊！如果将来有人能够听闻这部经，对它产生清净的信心，就生起以此为真实的想法，那么要知道这个人成就了最稀有的功德。世尊！这种真实想法，就不是（实有自性的）真实想法，所以如来称之为（缘起假名的）真实想法。"

"世尊啊！我如今能够听闻这样的经典，相信、理解、领受、持守它，并不算难。如果在未来世，五百年以后，若有众生能够听闻这部经，相信、理解、领受、持守，这样的人才是最难能可贵的。什么缘故呢？因为这样的人没有关于我、人、众生、寿者的观念。为什么这样呢？因为关于我的观念，就不是（实有自性的）观念；关于人、众生、寿者的观念，也都不是（实有自性的）观念。为什么呢？因为远离一切形相、概念，才称为佛。"

〔注　释〕

①　慧眼：智慧之眼，具备了知诸法平等、性空之智慧，称为"慧眼"。智慧有识别、洞察事物的功用，如同眼睛能分辨事物，故名"慧眼"。这里的慧眼，指须菩提证得的空性智慧。

②　信心清净，则生实相：对本经产生清净的信心，生起认为它是真实的想法。

"实相"，事物存在的真实相状，事物的真实本性。佛教认为一切有条件的存在都是因缘聚合而生的，因此也随着因缘的改变而散灭，故而是变动无常的，没有固定不变的本性和存在状态。各种事物的真实本性或存在状态（诸法实相）就是，它们都是缘起的、无常的、空的，是无（真实）相的。《大涅槃经》卷四十说："无相之相，名为实相。"

此处"实相"，除罗什、流支译本外，其他多种汉译本及梵本均作"实想"，即"真实的想法"、"真实的智慧"。两者的含义可以会通。所谓"实想"，就是对"实相"的认识，也就是如实知的般若智慧。

实相不生不灭，"生实相"较难翻译，所以据其他汉译本和梵文本译为"真实的想法"。另，梵文本无前半句。

③　信解受持：（对《金刚经》）信仰、理解、领受、奉持。这些都属于佛教所谓受持经典的十种法行之列。又，佛法的修行分为信

仰——理解——实行——证果四个阶段，称为信、解、行、证。所以这里也可以理解为按照金刚般若法门开始修行的初始阶段。

此处现存梵文本对应语词直译是"接纳、记忆、诵念、理解"的意思，与罗什译本所据不完全一致。

④ 后五百岁：如来涅槃以后五百年，正法开始衰亡的时候。参见本书第48页注⑤。

⑤ 离一切诸相，则名诸佛：远离一切形相差别，才称为佛。梵文本中"诸相"所对应的词是"诸想"的意思，所以译文糅合两者，将"诸相"译为"一切形相、概念"。

对这句经文的理解分歧，关系到中国佛教史上十分著名的一场论诤。八世纪末汉地禅僧摩诃衍和印度来藏的学僧莲花戒在吐蕃（西藏）王宫辩论法义，对此句的理解是辩题之一。摩诃衍认为，若能去除一切妄想，当下便能与佛一样获得正觉。并且认为，在专注于不思、不观的禅时，是无暇旁骛其他波罗蜜的；而一旦达到正觉，自然具备其他波罗蜜。也就是说，他认为人本具佛性，修不思、不观之禅，即可离垢除恶，清净顿悟，畅显法性。莲花戒对此提出两点批评：第一，这种禅只顾自己解脱，缺少利他精神，不是真正的大乘佛教。第二，佛教的止观修习，要求止中起观，通过智慧拣择力的培养，成就般若。若停留在不思、不观的禅之中，就舍离了佛教的根本——般若正智，因此这种禅不是佛教。这场著名的僧诤，依后世藏文文献记载，以摩诃衍的败北告终；而依敦煌汉文佛典记载，则是摩诃衍取胜。

〔原 文〕

佛告须菩提："如是！如是！若复有人得闻是经，不惊、不怖、不畏，当知是人甚为希有。何以故？须菩提！如来说第一波罗蜜①，非第一波罗蜜，是名第一波罗蜜。须菩提！忍辱波罗蜜②，如来说非忍辱波罗蜜。何以故？须菩提！如我昔为歌利王割截身体③，我于尔时，无我相、无人相、无众生相、无寿者相。何以故？我于往昔节节支解时，若有我相、人相、众生相、寿者相，应生瞋恨④。须菩提！又念过去于五百世⑤作忍辱仙人，于尔所世⑥，无我相、无人相、无众生相、无寿者相。"

〔今　译〕

　　佛陀告诉须菩提："是这样！是这样！如果有人能够听闻这部经，不惊讶、不恐怖、不畏惧，要知道这人很是难得。为什么呢？须菩提！如来说最高的波罗蜜，就不是（实有自性的）最高的波罗蜜，所以称为最高的波罗蜜。须菩提！忍辱波罗蜜，如来说不是（实有自性的）忍辱波罗蜜。为什么呢？须菩提啊！例如我过去世被歌利王宰割截断身体各部分时，我在那个时候，没有关于我的想法，没有关于人的想法，没有关于众生的想法，没有关于寿者的想法。为什么呢？我在过去世被这样一截截地肢解的时候，假如我有关于我、人、众生、寿者的想法，就会产生瞋恨心。须菩提！我还记得我过去在五百世当中作为忍辱仙人，在那些过去世当中，也是没有关于我、人、众生、寿者的想法的。"

〔注　释〕

　　①　第一波罗蜜：玄奘、义净译本作"最胜波罗蜜"，都是指般若波罗蜜。因为般若波罗蜜是六种波罗蜜的核心，修习种种法门，都是为了成就般若，所以称之为第一波罗蜜、最胜波罗蜜。有人认为第一波罗蜜是指六种波罗蜜中排在第一的布施波罗蜜，这种意见不足取。

　　②　忍辱波罗蜜：六种波罗蜜之一。"忍辱"，即面对各种侮辱乃至迫害时，心无动摇，安然忍受，甚至甘之如饴。佛教认为这种坦然接受一切逆境的心态，可以帮助修行者抵御外在的一切障碍，犹如护身的铠甲。

③ 我昔为歌利王割截身体：指释迦牟尼佛在过去世中修忍辱行应对暴君迫害的故事。歌利王是有名的暴君，有一天率宫人出游，因疲倦而小憩。宫女们趁机采花自娱，遇忍辱仙人（是释迦牟尼佛过去某世的前身）在树下坐禅，便打趣喧闹，仙人为断其贪欲而为之说法。歌利王醒来后误会仙人勾引宫女，因此嗔恼，遂割截仙人之肢体。忍辱仙人则坦然受之，毫无怨恨，并发誓将来成佛后首先度化歌利王。后来释迦牟尼佛在鹿野苑初转法轮度化五比丘，第一个获得觉悟的憍陈如，前世便是歌利王。这个故事是菩萨修忍辱行的著名例子，《大毗婆沙论》卷一二八、《贤愚经》卷二、《出曜经》卷二三、《六度集经》卷五、《大智度论》卷十四都有记载。又，根据《大唐西域记》的记载，这个故事发生在乌仗那国的瞢揭釐城东南处。

④ 嗔恨：指恼怒、仇恨、怨毒等不良心理。佛教将贪、嗔、痴称为三毒，认为是一切烦恼的根本。其中，嗔的毒害最大，是修道的最大障碍。佛陀在涅槃前教导弟子的《佛遗教经》中说："劫功德贼，无过嗔恚。"《大智度论》也说："当观嗔恚，其咎最深。三毒之中，无重此者；九十八使中，此为最坚；诸心病中，第一难治。""嗔"，佛经中常写作"瞋"。

⑤ 五百世：五百过去世，即释迦牟尼佛过去世生死流转当中，每一生即是一世。真谛、玄奘等译本即作"五百生"。

⑥ 尔所世：那些过去世，指前文的五百世。玄奘译本作"尔时"。

〔原　文〕

"是故须菩提！菩萨应离一切相，发阿耨多罗三藐三菩提心，不应住色生心，不应住声、香、味、触、法生心，应生无所住心①。若心有住，则为非住②。是故佛说：'菩萨心不应住色布施。'须菩提！菩萨为利益一切众生，应如是布施。如来说'一切诸相，即是非相'，又说'一切众生，则非众生'。"

〔今　译〕

　　"所以，须菩提啊！菩萨应该离弃一切形相、概念，而生发趋向无上正等正觉的心，不应该住著在色上而生起心，不应该住著在声、香、味、触、法而生起心，应该生起无所住著的心。假如心有所住著，就不是真正安住其心。因此佛说：'菩萨不应该让心住著在色上而行布施。'须菩提！菩萨应该是为了给一切众生带来利益而行布施。如来说'一切形相、概念，就不是(实有自性的)形相、概念'，又说'一切众生，就不是(实有自性的)众生'。"

〔注　释〕

　　①　无所住心：无所执著、无所定住的心。菩萨深刻理解空性，所以心不住著于任何对象。

　　②　若心有住，则为非住：假如心有所住著，就不是真正安住其心(于般若)。因为心有所住著，就是执著于某种实存，就会与世界的真实相状(空相)、事物的真实本性(空性)不符合，所以必须无所住著(无住)，才与真实(诸相非相)相应。这也就是《大般若经》所说的：若住一切法，不住般若波罗蜜；不住一切法，方住般若波罗蜜。

〔原　文〕

　　"须菩提！如来是真语者、实语者、如语者、不诳语者、不异语者①。须菩提！如来所得法，此法无实无虚。须菩提！若菩萨心住于法而行布施，如人入暗，则无所见；若菩萨心不住法而行布施，如人有目，日光明照，见种种色。"

〔今　译〕

　　须菩提啊！如来是说真话的人、说实话的人、照实说的人、不说假话的人、不会偏离实际说话的人。须菩提！如来所悟得的法，这法既不是真实的，也不是虚妄的。须菩提！如果菩萨的心住著于事物而行布施，那就好像人陷入到黑暗中，不会看到什么；如果菩萨的心不住著于事物而行布施，那就好像人有眼睛，在阳光照耀的时候，可以看到种种事物。”

〔注　释〕
　　①　如来是真语者、实语者、如语者、不诳语者、不异语者：如来是说真话的人、说实话的人、照实说的人、不说假话的人、不会偏离实际说的人。这五个称呼，都是真实不虚的意思，细微的差别是："真"是不妄，"实"是不虚，"如"是一致（或符合），"不诳"是不撒谎，"不异"是不偏离实际。

〔原　文〕
　　“须菩提！当来之世①，若有善男子、善女人，能于此经受持读诵，则为如来以佛智慧，悉知是人，悉见是人，皆得成就无量无边功德。”

〔今　译〕
　　“须菩提！在未来世，如果有品性良善的男子或女子，能够领受、持守、读诵这部经，那么如来会以佛的智慧，完全地知道此人，完全地看到此人，他们都能够成就无量无边的功德。”

〔注　释〕
　　①　当来之世：未来之世，即前文所说的"如来灭后，后五百岁"之时。

〔解　析〕
　　大乘经典中，一期法会末了，在当机者请教经名和奉持方法之后，有时还有对于这部经典的赞美。本经的这一分，也可以视作这样一种推崇。印顺法师认为这是"叹法美人"，即称颂这一般若法门难闻难遇，赞叹能够受持这一法门的人难能可贵。

须菩提"解空第一"，为什么没有听过这畅显空义的般若法门？古德解释说，须菩提只是声闻乘弟子当中的解空第一人，对于菩萨乘中大悲为本、无所得为方便的菩提心行，之前并不了解，所以这场法会中佛陀在教化菩萨的同时，也让须菩提等声闻大众从小乘转入大乘。须菩提的感动流泪，也是因为感动于般若法门的深刻和佛陀成全的美意。另一种意见认为，须菩提已经证得阿罗汉，并且在此法会上能与佛共论法义，本不至于对此法门如此惊奇，这是代表一般执著法相的声闻行者发此感叹。

接下来，须菩提又赞美能够在未来世正法衰败时依然深信此经的人，称赞其难能可贵，并且指出他们之所以难信能信，是因为深解我空，了知诸相非相。最后以高度推崇作结："离一切诸相，则名诸佛。"赞叹这些人远离虚妄颠倒的诸相，堪称为佛。一般认为远离我、人、众生、寿者四相，虽然体达我空，但是离成佛还很远。这里为什么赞美这些远离四相的修行者堪称为佛呢？因为从其所证得的平等空性来说，他们与佛无二无别。这与第五分所说"若见诸相非相，则见如来"，精神是一致的。另外，佛原本是觉悟者通用的名号，声闻、缘觉也可以称为佛，后来才成为排他性的专用称谓。这里以"佛"称呼信解般若、体达空相的人，如此推尊般若法门，称扬受持之人，也是叹法美人的一种修辞。

一般与会大众可能会狐疑，须菩提的赞美是否过甚其辞呢？佛陀立即予以肯定，须菩提的赞美十分恰当，并且进一步加以铺陈：未来在正法衰败的时代，还能对《金刚经》所宣说的般若法门不惊、不怖、不畏的人，的确十分难得！

为什么？因为一般人鲜有对般若法门不生惊怖畏惧的：（1）世俗众生，执自我为实有，闻说般若毕竟空，深恐自我被否定消解；（2）外道神教，深恐毕竟空中无法安顿神、救世主；（3）哲学家们，建构或心或物的种种本体，深恐毕竟空中无从安置；（4）甚至相当一部分学佛者，闻说般若空义，深恐无从安立生死轮回的果报。如《大智度论》中说："五百部（小乘行者）闻毕竟空，如刀伤心。"《成唯识论》中也记载，有人误解如果一切皆空，那修道还有什么意义呢？难怪佛陀会感叹，缘起的道理十分深刻难懂，空的道理更加深刻难懂。

佛陀自问自答，为什么这些人能够无所畏惧，安住于般若法门中呢？因为他们深知，如来所说的般若法门，就是缘起。因为缘起在本质上的空寂，所以它不是众生误会的实有自性的般若法门；同样因为缘起在现象上的幻有，它也并非一般人惊怖畏惧的那样，会消解因果、拨无万有；相反，正因为它是性空的，才能够如幻地生起万有。如下表所示：

如来说第一波罗蜜——般若
       （般若真义＝缘起性空）
即非第一波罗蜜———缘起在本性上的空寂，因此万法没有实性可执
       （悟解无生：一切法不生，则般若生）
是名第一波罗蜜———缘起在表相上的幻有，因此空相也不可执
       （悟解无不生：万象森然，不坏因果）

般若毕竟空中，就真实体性而言，没有能观照的般若智慧，也没有所证得的涅槃佛果，如《心经》所说的那样，"无智亦无得"。所有分别相状，都消泯于平等的空性当中，无相可执，毕竟空寂。

但般若的毕竟空寂，并不是枯寂的理体，而是具备观照万物的大用。古德把般若的这种特性称为"寂而常照，照而常寂"。在大乘佛法的修行中，般若如眼，指导六度万行的修习；而修习万行的旨归，便是要成就般若，现证空性。所以般若的修习贯穿始终，既是修行的出发点，也是修行的目的地。发菩提心是般若，修大悲行是般若，证得无上正遍觉还是般若（被称为"老般若"，即老成、成熟的般若之意）。

大乘般若法门的修行，以大悲利他为价值旨归，所以前文一再举布

施为例。这里佛陀再举忍辱为例，说明如何在忍辱行中修习般若。

佛陀又说：我不但在歌利王时如此修忍辱行，在过去五百世中都作忍辱仙人，不著四相而修忍辱。可见佛陀在过去修菩萨行时，何等重视与般若相应的忍辱波罗蜜。

佛教讲的忍辱法门，是指安忍，即处于逆境中时心无动摇，所以不限于狭义的忍辱，还包括吃苦耐劳，以及坚持真理不动摇等，如通常所谓三种忍：（1）众生忍：忍受人事上的倾轧催迫，处境变化后的世态炎凉等；（2）法忍：忍受内外四大的苦患，如身心的病苦，自然的寒暑等；（3）无生（法）忍：安忍于诸法的无生本性，即缘起性空。对无生的安忍，就是般若智慧。成佛之道漫长艰辛，没有沉毅坚忍的意志力是坚持不下去的，所以忍辱波罗蜜乃是修行成佛极为重要的法门。但菩萨之所以能忍辱，不是因为懦弱而忍气吞声，相反是刚健勇猛，为人所不能为。菩萨忍辱的勇气和力量，来自深解空性和慈悲殷切。深解空性，因而心如虚空，所以能忍；慈悲殷切，因而悲悯众生，所以愿忍。忍辱是外柔而内刚。这忘我大悲的忍辱实践，是仁慈、智慧和勇气的体现。如果对于人世间的恃强凌弱、专制独裁，因为怯懦而不敢反抗，反而以忍辱相标榜，美化自己的行为，那是可怜的奴隶式忍辱，独立人格尚且不具备，哪还称得上是菩萨行。如果遭受侮辱时不努力去观察侮辱的空性，内心充满怨恨，甚至有报复的冲动，同时又因为害怕而作出忍辱的姿态，那更是可鄙的虚伪人格。忍辱，是大丈夫自觉的慈悲行，不是世故者狡狯的利害算计，更不是怯懦者搪塞的挡箭牌。倡导人生佛教的太虚大师说："仰止唯佛陀，圆满在人格，人成即佛成，是名真现实。"从健全人格的养成走向成佛，这是人间佛教的坦途。修忍辱法门的大乘行者，应当于此多多省察。

不但修行忍辱应离相而修，一切修行莫不如此，所以佛陀总结说：菩萨应离一切相而发最高觉悟之心。一切相，从事相上说当然无量无边，但从修行者认识的把握来说，不出色、声、香、味、触、法六类认知对象。因此离一切相的发心，切实可行的方法就是心不住著于这六类对象中的任何一种。这样发心，就是生起无所住的心。发无上菩提心的菩萨，这样无所住著地布施，了知一切性空，对布施之物的诸相和所布施的众生都不加执著，所以了无挂碍。

这离相忍辱、无相布施的大乘无住法门，声闻学者不易信入。但声闻学者深信佛陀是如实观者、如实语者（"如来"一词，本身就有"从如实的法性而来，依如实的法相而说"之意），所以佛陀再亲为作证，以坚其心。

如上所说，般若如眼，导引万行。住著于事相的布施，不能契合般若智慧，所以虽行布施而不见空性，犹如处于暗室不能看见光明；无住事相的布施，契合般若智慧，所以能看清事物的性质。佛陀一再强调，布施要与般若相应，不住一切相，方能契入佛道，成就佛果。

修学般若，法门万千，但都可以统归为两个方面：第一，性理的契入，即在禅定中正确观照诸法事相，体达诸法自性空，离一切相，而生清净心；第二，事行的砥砺，即本此般若妙悟、清净之心而修习种种利他事行，在一一事相上破斥消除自己的错误认识，顺入实相的空性。大乘佛教区别于小乘之处，正在于它的慈悲普度，所以本经中佛陀说法，在事行的修习上，屡屡举布施为例。

持经功德分第十五

〔原　文〕

　　"须菩提！若有善男子、善女人，初日分①以恒河沙等身布施，中日分①复以恒河沙等身布施，后日分①亦以恒河沙等身布施，如是无量百千万亿劫②以身布施；若复有人，闻此经典，信心不逆③，其福胜彼，何况书写、受持、读诵、为人解说。"

〔今　译〕

　　"须菩提！如果有品性良善的男子或女子，在上午以像恒河沙那么多数量的身体作为布施，在中午又以像恒河沙那么多数量的身体作为布施，在下午也以像恒河沙那么多数量的身体作为布施，而且以这样的方式在百千万劫乃至无量世当中以身体作为布施；同时，另外有人，听闻这部经典，产生信心，而不违逆，那么这人的福祉要胜过前者，更何况那些书写、领受、持守、读诵、为他人解说这部经典的人呢！"

〔注　释〕

　　①　初日分、中日分、后日分：上午、中午、下午。类似于中国传统上将一天分为十二个时辰，古印度传统上将一天分为六时，昼夜各三时，换算成现代计时方式，每时约四个小时。初日分相当于早上6点到10点，中日分相当于10点到14点，后日分相当于14点到18点。按照

戒律，进食应当在中日分完成。

②　劫：又译作"劫波"，古印度文化中的时间单位，常用来泛指极长的时间。在印度教中，一劫等于梵天的一日，相当于人间的43.2亿年，比较接近现代地质学和地球物理学所估算的地球年龄45.4亿年。佛典中关于一劫的时间长短有种种不同解释，但都极长。劫尽之时，起火灾、水灾、风灾，毁灭世界。例如，劫尽时大火从地狱一直烧到二禅天，海枯石烂，山崩地裂。俗语中的"浩劫"、"劫火"、"劫难"等词，就源于此。

③　信心不逆：相信《金刚经》所说，不加反对。其他汉译本有"信心不谤"、"不生毁谤"等译法。

〔原　文〕

　　"须菩提！以要言之，是经有不可思议、不可称量、无边功德。如来为发大乘者①说，为发最上乘者①说。若有人能受持读诵，广为人说，如来悉知是人，悉见是人，皆得成就不可量、不可称、无有边、不可思议功德。如是人等，则为荷担如来阿耨多罗三藐三菩提。何以故？须菩提！若乐小法者②，著我见、人见、众生见、寿者见，则于此经不能听受、读诵、为人解说③。"

〔今　译〕

　　"须菩提！总而言之，这部经有不可思议、不可估量、无边无际的功德。这部经是如来为发大乘心的人说的，是为发最上乘心的人说的。如果有人能够领受、持守、读诵，广泛地为他人宣说，如来完全知道这些人，完全看见这些人，他们都能够成就不可估量、无以伦比、无边无际、不可思议的功德。这些人，就是担负起如来的无上正等正觉的。为什么呢？须菩提！如果是欣乐于劣小法门的人，耽著于关于我、人、众生、寿者的观念，那么对于这部经，就不能听闻、领受、读诵、为他人解说。"

〔注　释〕

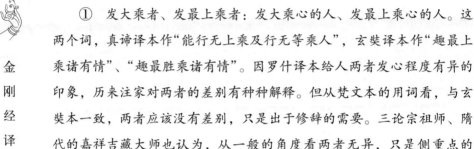

①　发大乘者、发最上乘者：发大乘心的人、发最上乘心的人。这两个词，真谛译本作"能行无上乘及行无等乘人"，玄奘译本作"趣最上乘诸有情"、"趣最胜乘诸有情"。因罗什译本给人两者发心程度有异的印象，历来注家对两者的差别有种种解释。但从梵文本的用词看，与玄奘本一致，两者应该没有差别，只是出于修辞的需要。三论宗祖师、隋代的嘉祥吉藏大师也认为，从一般的角度看两者无异，只是侧重点的差别。

②　乐小法者：喜欢劣小法门的众生。梵文本直译作"信解低劣的众生"，都是指不接受般若思想的小乘行者。般若是诸佛之母，不接受般若思想，就不可能觉悟佛菩提，登佛地，证佛果。

③　若乐小法者，著我见、人见、众生见、寿者见，则于此经不能听受、读诵、为人解说：如果是欣乐于劣小法门的人，耽著于关于我、人、众生、寿者的观念，那么对于这部经，就不能听闻、领受、读诵、为他人解说。

按照罗什译本的句式，是喜欢劣小法门的人执著于四种我见。但一般认为，即使是小乘行者，他们也反对我执、我见，怎么会执著于我见呢？这似乎有问题，但也是可以会通的，因为根据《金刚经》的思想宗旨，特别是第六分中的思想，凡是著(我)相、著法相、著非法相者，即凡是执著实有的众生，都必然以某种隐晦的方式执著于我见。

不过，从梵文本来看，这可能是罗什适应中国人喜欢简明的需要（"秦人好简"），采取非常简练的句式，导致了理解上的歧义。梵文本相应文句直译作："这个法门不能被信解低劣的众生听闻，不能被有我见的、不能被有众生见的、不能被有寿者见的、不能被有补特伽罗见的（众生听闻）。这个法门能被无菩萨愿的众生听闻、接纳、记忆、诵念、理解，无有是理。"据此而言，不能听闻般若法门的众生有：（1）信解低劣者；（2）有四种我见者；（3）没有菩萨愿者。因此，有可能是罗什译本在流通过程中，"著我见、人见、众生见、寿者见"后面脱漏了"者"字。继承罗什学说的三论宗祖师吉藏，在注解此处时说"乐小法者，此是小乘；著我见者，此是外道"，也是把乐小法和执著四种我见看成是并列。

菩提流支译本相应文句为："若乐小法者，则于此经不能受持、读诵、修行、为人解说；若有我见、众生见、人见、寿者见，于此法门能受持、读诵、修行、为人解说者，无有是处。"玄奘译本相应文句为："如是法门，非诸下劣信解有情所能听闻，非诸我见、非诸有情见、非诸命者见、非诸士夫见、非诸补特伽罗见、非诸意生见、非诸摩纳婆见、非诸作者见、非诸受者见所能听闻，此等若能受持、读诵、究竟通利，及广为他宣说、开示，如理作意，无有是处。"都与梵文本相近，但都缺少梵文本的第三种——"没有菩萨愿者"。

〔原　文〕

"须菩提！在在处处，若有此经，一切世间天、人、阿修罗，所应供养；当知此处则为是塔，皆应恭敬作礼围绕，以诸华香而散其处。"

〔今　译〕

"须菩提啊！无论在哪里，如果有这部经，一切世间的天、人、阿修罗，都应该供养这部经；要知道这部经所在之处就等于是塔，都应当恭敬地行顶礼、绕塔而行，用各种花和香散布在它所在之处。"

〔解　析〕

这是本经第四次校量功德。在无量百千万亿劫中一日三次以恒河沙数的身命布施，这比第十三分中以恒河沙数身命做布施，功德当然更殊胜，但仍然比不上坚信本经并宣扬流通的功德。究其原因，仍是因为有相布施的功德是有限有量的，而礼敬《金刚经》则能契入无限无量的平等法性。这种功德才是取之不尽、用之不竭的。

上一分通过须菩提之口"叹法美人"，称颂本经的伟大和受持本经的可贵。这一分，佛陀亲自肯定本经的功德不可思议，受持本经之人是真正的大乘行者，能够荷担如来家业，续佛慧命。

能净业障分第十六

〔原　文〕

"复次，须菩提！善男子、善女人，受持读诵此经，若为人轻贱，是人先世①罪业②，应堕恶道③，以今世人轻贱故，先世罪业则为消灭，当得阿耨多罗三藐三菩提。"

"须菩提！我念过去无量阿僧祇劫④，于然灯佛前，得值八百四千万亿那由他⑤诸佛，悉皆供养承事，无空过⑥者。若复有人，于后末世⑦，能受持读诵此经，所得功德，于我所供养诸佛功德，百分不及一，千万亿分⑧、乃至算数譬喻所不能及⑨。"

"须菩提！若善男子、善女人，于后末世，有受持读诵此经，所得功德，我若具说者，或有人闻，心则狂乱，狐疑不信。须菩提！当知是经义不可思议，果报亦不可思议。"

〔今　译〕

"还有，须菩提！有些品性良善的男子或女子，领受、持守、读诵这部经，却遭到他人的轻慢侮辱，这是因为这些人前世罪业的缘故，本来他们应当堕入恶道当中去轮回受苦的，而现在因为这一世被他人轻慢侮辱，他们前世的罪业就消灭了，而且将得到无上正等正觉。"

"须菩提！我回忆过去无数大劫期间，在燃灯古佛出世以前，得以碰到八万四千百亿兆佛，我对他们都供养、服侍，没有虚掷光阴，白白浪费机会。但如果有人，在未来世（正法破坏时），能领受、持守、读诵这部经，那么我供养无量诸佛所得的功德，和他所得的功德比起来，不及百分之一、千分之一、万分之一、亿分之一，甚至所有的计算方法、数目、譬喻都不能相比。"

"须菩提！如果品性良善的男子或女子，在未来世（正法破坏时），有领受、持守、读诵这部经的，那人所获得的功德，我如果一一细说的话，或许有的人听到以后，心里就会发狂迷乱、狐疑、不相信。须菩提！要知道这部经的教义不可思议，由此获得的果报也不可思议！"

〔注　释〕

①　先世：过去世，不是专指前一世。

②　罪业：轻重不等的错误行为。"罪"，指罪过、罪恶，轻者为过，重者为罪。此处"罪"是泛指，不限于犯罪等重大错误。戒律不允许的行为，都属于罪业。因此，杀生、偷盗、邪淫（不正当的性行为）、妄语（假话）、两舌（挑拨离间的话）、恶口（骂人的脏话）、绮语（挑逗、性骚扰的话）、贪、嗔、痴等十种破戒的恶行都是罪业。佛教认为，由嗔心引起的罪业最重，其中，尤以杀父、杀母、杀阿罗汉、出佛身血（伤害佛陀）、破和合僧（破坏僧团）最为严重（按严重性递增排列），称为五逆重罪，犯者会堕落到无间地狱。

③　恶道：指六道中的地狱、饿鬼、畜生三道。这三道中的众生受许多苦报，难以修道，所以称为恶道。

④　阿僧祇劫："阿僧祇"，梵文 asaṁkheya 的音译，意译为"未央"，有无量、无边、不可数等含义，形容数目非常大，有的经典中把超过 10^{23} 的数字称为阿僧祇。"阿僧祇劫"，即无数劫，菩萨从发心到成佛，需要经历三大阿僧祇劫，即三个阿僧祇数量的大劫，形容成佛需要非常漫长的积累福德资粮的过程。

⑤　那由他：梵文 nayuta 的音译，数量单位，百万，兆。八百四千万亿那由他佛，梵本作 caturaśīti-buddha-koṭiniyuta-śatasahasrāṇi，直译为

"八十四——佛——亿兆——百千"，按照后世佛典的习惯译法，可译为八万四千百亿兆佛。

⑥　空过：遇到佛但是没有去供养、服侍、受教，虚掷光阴，白白浪费机会。

⑦　于后末世：梵文本直译作"在后时、后分、后五百年，正法破坏时"，与第六分说的"后五百岁"所指的时间相同，都是指佛灭以后正法开始衰败的时候。参见本书第48页注⑤。

⑧　千万亿分："千分之一、万分之一、亿分之一"的略语。此处解释参考了梵文本，如果仅仅根据中文本，理解成"千万亿分之一"也可以。

⑨　乃至算数譬喻所不能及：据梵本，是"计算不及、数量不及、譬喻不及，乃至种种类比也不能相及"的意思。

〔解　析〕

这一分，说明受持此经的功德，能使重业轻报。

《金刚经》宣说的般若法门如此伟大，须菩提和佛陀本人都一再地赞叹信解般若法门、受持《金刚经》的难能可贵。小乘弟子中的一部分人在老师的鼓励下刚刚开始转入大乘，发愿修习般若法门。

可在末法时代，能坚信这法门的人毕竟是少数，更多的人反而会认为本经虚言浮语，荒诞不经，不但自己不信，而且讥笑相信它的人愚昧无智。因此，当这些初发心的菩萨走出金刚法会的课堂，本来以为会广受尊敬，结果面对的却是轻蔑的嘲笑。初学者处于这样的现实环境中，或不免产生彷徨困顿的挫折感。

不过，"如来善护念诸菩萨"，对于这些初发心的菩萨，佛陀教导他们正观缘起，认识当下处境的因果由来，明了重业轻报的福德因缘。

如有人受持此经却为人轻贱，表面看来不公平，实际上本来此人因为过去世的罪行，要遭受更大的痛苦报应，甚至可能堕入地狱。如今遭人轻贱，反而是消弭了过去罪业的体现。这是一种福报，可喜可贺。

这种解释，是基于佛教的三世因果理论。因果是贯穿于三世的。现在世的处境，诸如贫富贵贱、寿夭穷达种种，都和自己过去的所作所为乃至前世的种种行为有关。同样的，未来命运如何，也取决于当下如何选择和行动。我们不能改变过去，但是可以塑造未来。如果单看现世，或见有好人无辜而罹祸，恶人施虐而善终，不免怀疑因果为虚妄，但从贯穿三世的因果来看，已发生的行为之所以能对未来产生影响，是通过行为的余势力，或者说力与潜能的传导。这种作用力或潜能，在条件成熟的时候才呈现出来。现在世成熟，就表现为现世报；未来世成熟，就表现为来世报。所以，"善有善报，恶有恶报；不是不报，时候未到"。而且，行为的余势或潜能会发生怎样的影响，这影响有多大，都不是机械刻板、一成不变的。影响它如何实现、实现程度、结果性质的最主要因素，是心。如果心有强大的智慧和愿力，就可以让尚处于潜能状态的业改变发展的态势，让好的态势加强，不好的态势削弱甚至中止。因此，业是可能的趋势，是可以转变的。过去的重罪，本来要受重报的，由于智慧和善心的强有力介入，结果只受轻报而已。从这里可以看出，佛教的因果业报理论，绝不是命定论。借用金岳霖先生的名言，业力和果报之间的关系是"理有固然，势无必至"。

当然，佛教的这种因果理论，就现实的接受情形来看，不免是信者恒信，不信者恒不信。不信者的反驳是，我们怎么知道过去世的事情？对于我们没有亲历、亲见、亲知的事情，即使不断然否认，顶多归于不可知，怎么可以拿来作为确凿的证据，证明我现在的处境应该如此？站在不信者的角度，这是合乎情理的。

但从信仰者的角度来看，不是要这种理论必然能说服不信者，只需要这种理论对于自己当下的处境能作出合情合理的解释，消解了信仰生活内在的紧张和矛盾，便已经足够。况且佛教徒相信，在修习禅观引发的神通（确切地说，是四禅引发的宿命通）中，是可以清晰地看见三世因果的。

站在宗教学的客观立场来看，各宗教的信徒，总是基于信仰而追求理解。对于宗教生活中感到矛盾的现象，只要本宗教能够提供一种自圆其说的理论，化解这种矛盾给宗教情感和宗教实践带来的困扰，一般信众便不会再深究。至于从更普遍的一般知识论角度探求它的合理性和局限，只是少部分教理学家的工作。不过，随着全球化时代的来临，与其他宗教之间的相互理解和对话，越来越成为各宗教都普遍需要面对的重要课题，因此在比较宗教学的语境中重新理解、诠释和捍卫本宗教的基础理论，也益发重要。佛教在西方社会的发展就是如此。因果理论在西方文化语境中的拒斥、调适、改造、接纳等状况，生动地体现了尚处于洋格义阶段的"西传佛教"与西方文化的碰撞与融合。当然，这是题外，此处不表。

为了激励这些初发心菩萨，佛陀再次现身说法来校量功德，强调在末法时期能够受持本经，其功德比正法时期受持要更大。这些初发心的菩萨，他们所得的功德福报，会比佛陀大得多。

末法时期受持本经，不但功超如来，而且从究竟的含义来说，功德无量，难以言喻。但正因为如此，一一详说，反而使世人抓狂，不能信入，引起疑谤。因此，对于本经的深义，对于受持本经的功德，如来只能以"不可思议"四字总括。

的确，倍复甚深的般若法门，着实不是末法时代的一般人可以信入的。本经几番的校量功德，更是让一般人觉得夸诞可笑。因此，对于肯发心的菩萨，如来殷勤叮咛，反复教诫，善护念，善付嘱；而对于福浅德薄、不肯信入的众生，佛陀也无如之何。世间相本来如此，安住于寂而常照、照而常寂的实相般若中的法身如来，又岂会不知。一期法会，以"不可思议"四字轻轻作结，实在是妙不可言！

站在初发心者的立场来说，又该如何面对这种处境呢？《道德经》说："上士闻道，勤而行之；中士闻道，若存若亡；下士闻道，大笑之。不笑不足以为道。"末法时期而矢志菩提，初发心菩萨受持本经，面对周遭的冷嘲热讽，正不妨三思此言。

究竟无我分第十七

〔原　文〕

　　尔时，须菩提白佛言："世尊！善男子、善女人，发阿耨
多罗三藐三菩提心，云何应住？云何降伏其心？"

　　佛告须菩提："善男子、善女人，发阿耨多罗三藐三菩提
者，当生如是心，我应灭度一切众生。灭度一切众生已，而无
有一众生实灭度者。何以故？须菩提！若菩萨有我相、人相、
众生相、寿者相，则非菩萨。所以者何？须菩提！实无有法发
阿耨多罗三藐三菩提者。"

〔今　译〕

　　这时，须菩提问佛陀说："世尊！品性良善的男子或女子，他们发
起要获得无上正等正觉的心，应当如何安住？如何降服他们的心呢？"

　　佛陀告诉须菩提："那些品性良善的男子或女子，他们发起追求无
上正等正觉之心的话，应当生起这样的心：我应当让一切众生都获得寂
灭、度化。我让一切众生获得寂灭、度化，但却没有任何一个有情生命
实际上获得寂灭、度化。什么缘故呢？须菩提！如果菩萨还有关于我、
人、众生、寿者的概念，就不是菩萨。为什么这样呢？须菩提！实际上
没有一种事物叫做发起追求无上正等正觉之心。"

〔原　文〕

"须菩提！于意云何？如来于然灯佛所，有法得阿耨多罗三藐三菩提不？"

"不也，世尊！如我解佛所说义，佛于然灯佛所，无有法得阿耨多罗三藐三菩提。"

佛言："如是！如是！须菩提！实无有法如来得阿耨多罗三藐三菩提。须菩提！若有法如来得阿耨多罗三藐三菩提者，然灯佛则不与我授记①：'汝于来世②，当得作佛，号释迦牟尼③。'以实无有法得阿耨多罗三藐三菩提，是故然灯佛与我授记，作是言：'汝于来世，当得作佛，号释迦牟尼。'何以故？如来者，即诸法如义。若有人言：'如来得阿耨多罗三藐三菩提。'须菩提！实无有法，佛得阿耨多罗三藐三菩提。须菩提！如来所得阿耨多罗三藐三菩提，于是中无实无虚。是故如来说：一切法皆是佛法。须菩提！所言一切法者，即非一切法，是故名一切法。须菩提！譬如人身长大。"

须菩提言："世尊！如来说人身长大，则为非大身，是名大身。"

〔今　译〕

"须菩提！你认为如何呢？如来过去世在燃灯佛那里，有获得证悟无上正等正觉的方法这回事吗？"

"没有，世尊！按照我对于佛陀您所宣说的教义的理解，佛陀您过去世在燃灯佛那里，没有获得证悟无上正等正觉的方法这回事。"

佛陀说："是这样！是这样！须菩提！实际上如来没有（从燃灯佛那里）获得证悟无上正等正觉的方法这回事。须菩提！如果如来有获得证悟无上正等正觉的任何法门，那么燃灯佛就不会对我预言：'你在未来世，将能够成为佛，名号是释迦牟尼。'正因为实际上没有获得证悟无上正等正觉的法门，所以燃灯佛对我预言，说了这样一番话：'你在未来世，将能够成为佛，名号是释迦牟尼。'为什么呢？因为'如来'，就是一切法'如此'（本然状态、本性、本质）的含义。如果有人说：'如来证得了无上正等正觉。'须菩提！实际上没有佛证得无上正等正觉这回事。须菩提！如来所证得的无上正等正觉，这当中既不是真实也不是虚妄。因此如来说：一切法都是佛法。须菩提！如来所说的一切法，就不是（实有自性的）一切法，所以称为一切法。须菩提！就好像有人身材高大。"

须菩提说："世尊！如来说这个人身材高大，就不是（实有自性的）身材高大，所以称为身材高大。"

〔注　释〕

① 授记：授予成佛的凭证。"授"，授予；"记"，记号、凭证。授记，又称记莂。莂的本义是写在竹简或丝帛上的契约，别分为二，立约者各执一份作为凭证。授记或记莂是指佛预言某人未来成佛的时间、地点、名号等。因为出自佛的预记，真实不虚，所以能给被授记者很大的激励。这里指燃灯佛预言梵志儒童将来会在娑婆世界成佛，名号为释迦牟尼。后来中国佛教宗派，特别是禅宗，也把得到祖师的传法称为授记。

② 来世：未来之世，不是专指下一世。

③ 释迦牟尼：梵文 Śākyamuni 的音译，又译作"释迦文"，意为"释迦族的圣人"、"释迦族的明珠"。释迦牟尼佛出生于释迦族，所以成佛以后社会大众称他为释迦族的圣人。"释迦"有"能"的意思，"牟尼"有"仁慈"、"寂灭"等意思，所以这个词又意译为"能仁"、"能寂"等。这是佛众多名号之一。

〔原　文〕

"须菩提！菩萨亦如是。若作是言，'我当灭度无量众生’，则不名菩萨。何以故？须菩提！实无有法名为菩萨。是故佛说：一切法无我、无人、无众生、无寿者。须菩提！若菩萨作是言，‘我当庄严佛土’，是不名菩萨。何以故？如来说庄严佛土者，即非庄严，是名庄严。须菩提！若菩萨通达无我法者，如来说名真是菩萨。”

〔今 译〕

“须菩提！菩萨也是这样。如果说这样的话，‘我应当让一切众生得到寂灭、度化’，那么就不叫菩萨。为什么呢？须菩提！实际上没有叫做菩萨的这种事相。所以佛说：一切法中都没有我、没有人、没有众生、没有寿者。须菩提！如果菩萨说这样的话，‘我应当让佛土得到装饰、严净’，这样就不叫菩萨。为什么？因为如来所说的装饰、严净佛土，就不是（实有自性的）装饰、严净，所以称为装饰、严净。须菩提！如果菩萨通达一切法中无我，如来说这是真正的菩萨。”

〔解 析〕

本经前十六分，逻辑上环环相扣，思想上意义连贯，体裁上也已构成一般佛经的完整结构。这一分以下，内容几乎都是前十六分的重复。尤其这一分的前两段，须菩提所问，如来所答，几乎是第二分、第三分内容的克隆，那么这里为什么要重复提问呢？古往今来，这是理解《金刚经》结构的一个老大难问题，甚至连唯识学派的创始人无著、世亲兄弟，也会感慨它的难解。无著说，“金刚难坏句义聚，一切圣人不能入”；世亲说，“法门句义及次第，世间不解离明慧”，都是感慨本经文义次第的艰深。唯识学派的三位祖师，弥勒、无著、世亲，对于本经的文句结构理解也互有差异。历代的注释家和研究者对此更是有各种各样的解释。这里按诠释者的立场，分两类介绍几种有代表性、影响较大的观点。

一、从纯客观学术立场出发的解释：

对于从纯学术来研究的学者来说，这个问题似乎只能指向一个答案：那就是《金刚经》在流传的过程中出现了混乱错讹。

例如，西方学界翻译和研究《般若经》的头号权威、《金刚经》的英译者孔泽（Edward Conze，1904—1979）便说：

> 本经的第二部分带给注释者特殊且迄今无法克服的困难。或许某一天，有人能够提出令人满意的解释，但目前为止尚无这样的人。即使是无著、世亲和莲花戒，也无法对此论证背后的逻辑次第提出解释，他们的注释缺乏说服力。我个人的注释，基于他们的见解，也经过几番修改。即使是最后的定稿，也依然无法表诠真实。因此，我必须同意我的朋友们的看法，他们认为它是无助、不得要领、沉闷、枯燥、很混淆的注释。这部分注释，非但不能增进对此经精义的理解，反而阻碍了它，虽然对关心梵语文句结构的语言学者或有些许价值。

> 我们的迷惑或许导因于那无可救药的愚钝，也可能源自传到我们手中的本经的状况。《金刚经》的第二部分并非一个前后一致的整体，却更像一堆散乱文句的偶然混合。熟悉印度佛教文献著作的情形，并且留意到这一部分经文屡屡重复且骤然转变的学者们，倾向于相信：不同时代的背诵者各依己意加进了一些文句，更有甚者，抄写者时而误置经叶，并且将边缘的注文掺入正文。如此一来，论证的次第必受一系列无心的疏失所左右。（Conze, Edward (1958), The Diamond Sutra, Edited and Translated with Introduction and Glossary, London: George Allen and Unwin Ltd. pp. 51 – 52. 此处译文迻录自许洋主编撰的《金刚般若波罗蜜经·一·集注部》，429 – 430 页，台北：如实出版社，1996 年）

孔泽是第一流的大学者，直到今天，在西方仍然被心高气傲的后辈学者尊为"般若班首，并世无双"（the foremost Western scholar of the Prajnaparamita literature）。不仅如此，他还是那一代人当中少有的实修禅观的佛教学者，因此他的态度和意见是十分诚恳的，不能视为东方主义的傲慢与偏见。他的困惑和推测性解答，在西方学界很具代表性。

国内学者当中，也有类似观点。王世安先生（1916—1991，湖北黄梅人，毕业于西南联大，与任继愈先生同窗）就认为，《金刚经》在口耳相传和后来辗转传抄的过程中，随着文句的增删衍夺，逐渐形成了各种不同写本。后人取差异较大的两种本子合为一本，一种作前半部分，一种作后半部分，文句全同的不重复，但大意相同而文句有异的则均予以保留，这样就呈现出貌似两周说法的今本原型，后来经无著、世亲为之作注后，这一综合本便被尊为定本，其他单行本就逐渐消失了。（参见氏著《〈金刚般若波罗蜜经〉新讲》，连载于《五台山研究》1989—1990 年各期，这一意见见于第四部分。）

二、基于信仰立场的合理化解释：

学者们的解释，对于一般人来说，不失为是简便合理的解释。但对于信仰者来说，这种解释是不可接受的。即使是接受现代学术洗礼的信仰者，或许可以接受《金刚经》在传抄过程中有文字的衍夺讹误，甚至有文句的颠倒错乱，但断然不能接受《金刚经》在整体结构上就是牵强不合理的。因此，这种解释，是他们一开始就排除在选项之外的。

如何在尊重《金刚经》佛教圣典地位的前提下，理解《金刚经》貌似重复的整体结构，前后两部分的相似与相异，各部分的内在逻辑关联？这犹如一首规定韵脚的长诗，要写好难度很大。但历代的注释家还是各显神通，提出了种种基于信仰的合理化解释。

（1）重复无别论。这种解释认为，本经前半部分已将经的要旨讲清楚，但为了使听众的理解更透彻，所以特为重复叮咛。这种两周说法的结构，是《般若经》的常态。明代曹洞宗高僧永觉元贤（1578—1657）力主此说，认为前文所说，意义已尽。须菩提重问，佛陀重答，都与前文无异，只是为了让大家加深理解。如果勉强从不异中求异，未免穿凿过甚，所以不必强作解人。

这种解释，符合禅门简捷明快的风格，但在一般佛教徒看来，未必尽善尽美；而在不信佛教的一般读者看来，等于没有解释。

（2）听众有别论。这种观点认为，须菩提旧话重提，是为后来入场的听众而问。按我们前面的比喻，是须菩提这名课代表为照顾后来的同学，特意向佛陀再问同样的问题。佛陀为了照顾这些插班生，也就重复前面已经讲过的要点。

这种观点的依据是，经首提到参与听课的同学只有千二百五十名大比丘，但是经末的"考勤记录"却说，"长老须菩提，及诸比丘、比丘尼、优婆塞、优婆夷、一切世间天人阿修罗，闻佛所说，皆大欢喜，信受奉行"，显然同堂听课的同学还另有其人。这多出来的大众，应当是上课期间陆续插班进来的。须菩提为了让大家都能理解本堂课的教学重点，所以特意再把这两个关键问题提出来。

这种解释在承认差别的各类解释中最简明，不失为一种机智的回答。不过在疑根甚重、喜欢追问的知识分子学佛者看来，未免偷懒。如果只是为了让后来者明白这堂课的要旨，完全可以让他们课后自己补习，大可不必硬拉着全班同学都再听一遍。佛是智慧圆满的老师，不会这样顾此失彼吧。

（3）破斥有别论。这种观点认为，本经第一部分破斥对我相的执著，后半部分破斥对法相的执著。他们很重视的一个文本依据，是这一分佛陀对于须菩提两个问题的回答中，最后多了一句"实无有法发阿耨多罗三藐三菩提者"，是第三分中佛陀回答这一问题时没有的。他们认为，这"实无有法"四字，点出了第二部分的破斥重点在于法执，这是理解第二部分的一个关键。

这种意见古已有之，明清以来尤为盛行。从永觉元贤在《金刚经疏》中的批评看，几乎是压倒性的解释，在今天也十分流行。

不过，从玄奘译本来看，此句作"无有少法名为发趣菩萨乘者"，在第三分中佛陀的回答中，有完全相同的句子。不仅如此，"无有少法名……"的句式，在玄奘译本的前半部分一再出现，如第七分有"无有少法如来应正等觉证得阿耨多罗三藐三菩提，亦无有少法是如来应正等觉所说"，第十三分也有"无有少法如来可说"，所以以此作为文本依据，是不太站得住脚的。

更要紧的是，本经第一部分随处强调诸相非相，无住于我相、法相、非法相。若说侧重在破除我执，的确如元贤所批评的，有些牵强。

不过这种解释仍不失为一种方便理解的解说。如上一分"解析"中所说，宗教解释学是基于信仰而追求理解。对于宗教生活中感到矛盾的现象，只要能够提供一种自圆其说的解释，化解这种矛盾给宗教情感和宗教实践带来的困扰，就达成了目的。笔者虽不赞成此说，但也愿意提供其他语种可以支持此说的文本例证。于阗文译本这一分最后有这样一段文字："信解无我等者能成就佛土庄严，尚不被称为菩萨。然而，信解一切法无我者，如来称之为菩萨"，体现了强调人无我与法无我区别的意趣。（参见许洋主编撰《金刚般若波罗蜜经·一·集注部》，494 页）

（4）破斥心障论。唯识学派的创始人无著、世亲兄弟，对本经也曾造颂作论，加以解释。无著《金刚般若论》认为第二周重开此问，是因为初发心菩萨依教奉行，将入证道，自见金刚般若法门的不思议功德，或产生我这样安住、我这样修行、我这样降服自心、我这样灭度众生等我执我慢，这种心理会阻碍他们真正证入圣位。针对这种弊端加以针砭，须菩提重问、如来重答。祖师的这种理解，成为唯识学派解释此经结构的权威说法，后来唯识宗人都以此为准绳。例如玄奘法师的高足窥基作《金刚般若论会释》，便发挥此说。

由于无著、世亲是印度创宗立派的祖师，他们的释论对中国佛教后来解释《金刚经》有很大影响。然而一般注家理解无著观点时望文生义、胶柱鼓瑟，认为本经前半段破法执，后半段破我执，但一般又公认，小乘声闻便能破我执，只有大乘菩萨才能破法执。经文应先破我执，后破法执才对。因此总不免有格忤难通之处。

（5）二道修行论。这种观点认为，本经第一部分是讲般若道的修行，第二部分是讲方便道的修行。同是修行般若，但属于不同的阶段，前者属于菩萨的上求菩提，后者属于菩萨的下化众生，故有不同的侧重。

这种观点是天台宗的创始人智颢（538—598）依据《大智度论》提出的。《大般若经》也有前后两番同样的付嘱，对此龙树在《大智度论》中解释说："先嘱累者，为说般若波罗蜜体竟；今以说令众生得是般若方便竟，嘱累。"意思是，佛陀前一番付嘱，是在阐明般若之体之后而发；后一番付嘱，则是在以方便道度化众生之后所发。前者是般若之体，后者是般若之用。智者大师依据此义，将本经前十六分的第一番问答判为般若道，此分以后的第二番问答判为方便道。

般若道和方便道，是大乘佛教修学体系中，对菩萨从初发心到成佛的过程所分的两个阶段。从初发心，修空无我慧，到入见道，证圣位（菩萨十地都属于圣位），这一阶段重在通达性空离相，所以名般若道；彻悟法性无相后，进入修道，一直到佛果，这一阶段主要为菩萨的方便度生，所以名方便道。按照《大智度论》的判分，在菩萨道修习的发心到七地的修行阶段属于般若道，八地以上是方便道。

龙树是中观学派的创始人，在佛教史上被尊为"佛陀以后第一人"。龙树的解释，代表了中观学的正见。智者大师集南北朝佛学之大成，和会中印，融贯南北，创立真空妙有的天台思想体系，但思想的根底还是在中观学，因此能基于龙树思想而标举本经总纲。这两位大师的见解，可以视为中观学的正见。

当代汉传佛教最杰出的中观学者印顺法师，也十分推崇这一判分，并据此发挥：

> 般若即菩提。约菩提说，此二道即五种菩提。
>
> 一、发心菩提：凡夫于生死中，初发上求佛道、下化众生的大心，名发阿耨多罗三藐三菩提心，所以名为发心菩提。
>
> 二、伏心菩提：发心以后，就依本愿去修行，从六度的实行中，渐渐降伏烦恼，渐与性空相应，所以名为伏心菩提。
>
> 三、明心菩提：折伏粗烦恼后，进而切实修习止观，断一切烦恼，彻证离相菩提——实相，所以名为明心菩提。

这三种菩提即趣向菩提道中由凡入圣的三阶，是般若道。这时，虽得圣果，还没有圆满，须继续修行。明心菩提，望前般若道说，是证悟；望后方便道说，是发心。前发心菩提，是发世俗菩提心；而明心菩提是发胜义菩提心。悟到一切法本清净，本来涅槃，名得真菩提心。

四、出到菩提：发胜义菩提心，得无生忍，以后即修方便道，庄严佛国，成熟众生；渐渐出离三界，到达究竟佛果，所以名为出到菩提。

五、究竟菩提：断烦恼习气究竟，自利利他究竟，即圆满证得究竟的无上正等菩提。

如上所说：二道各有三阶，综合凡五种菩提，总括了菩提道的因果次第。明白此二道、五菩提，即知须菩提与佛的二问二答，以及文段次第的全经脉络了！（《般若经讲记》，13 – 14 页，中华书局，2010 年）

这种解释，紧扣本经的核心问题，即须菩提所问的两个问题（发无上菩提心者如何安住，如何降服其心），依据五种菩提的修习，将全经分为两个阶段，各三个层次，全经各层次之间是层层转进。依这种观点看《金刚经》全文，就是一个气脉贯通的修学体系，不再有窒塞不通之处，不但值得实修者重视，对一般学者的研究也有启发。本书对全经结构的解说，主要参考这一解释。

照着这种解释，这里重新再问发菩提心的问题，但是对于菩提心的理解却加深了，前面是发世俗菩提心，这里是发胜义菩提心。两者本质无异，都是从毕竟空中，起大悲心而入世度生。但前者只是仿佛约略地体知，后者则是真切地悟到。佛陀的回答，大体相同，但阐发的重点、对治的问题仍有发展。

佛陀说实无众生可度，这一教法本身是圆满无缺的。但依教起修的弟子，或许只是从所教化的对象——众生去理解人无我，未必能在修证的实践上，反身内观自身无我，从而彻断我执。此处，再强调"实无有法发阿耨多罗三藐三菩提心者"，则不但外观所化的众生不可得，同时进一步反身内观，体证能发菩提心、能度众生的菩萨——我，也不可得。这不但符合原始佛教以来一般禅观修行的步骤——先观所缘外境虚妄无我，次观能观之我也虚妄不真；也符合中观学派的原则——广明一切我法皆空，而尤以离我见、我执为证入空性的不二法门。唯识学派无著、世亲对这段经文的解释，便侧重于对治问题的转进。印顺法师的注释也取此说，另外，他还特别指出：

> 佛为众生说法，多明空无我，信解者还多。到了圣智亲证，反而偏执真常大我。所以，本经于此智证的方便道中，特重于无我的开示。这即是说：即使是圣智现觉，也还是空无我的。末法众生，不闻大乘，如湛愚《心灯录》之类，以"我"为开示修行的根本，与我见外道同流，可痛！（《般若经讲记》，73页，中华书局，2010年）

其实，不必高陈胜义，从现实佛教界的一般情形来说也是如此。平时浮词虚言，以佛法为谈资时，个个都谈空说无，稍涉修证，便以为自己的证境如何了得，视若珍宝，贡高我慢之心也随之大增，哪还肯谛观它的空性，更不必说去体解这证法之我的空性了。佛门常谚说："学佛一年，佛在眼前；学佛三年，佛在西天。"用来形容一些学佛者越修越偏的情形，真是形象极了。

一体同观分第十八

〔原　文〕

　　"须菩提！于意云何？如来有肉眼①不？"

　　"如是，世尊！如来有肉眼。"

　　"须菩提！于意云何？如来有天眼②不？"

　　"如是，世尊！如来有天眼。"

　　"须菩提！于意云何？如来有慧眼③不？"

　　"如是，世尊！如来有慧眼。"

　　"须菩提！于意云何？如来有法眼④不？"

　　"如是，世尊！如来有法眼。"

　　"须菩提！于意云何？如来有佛眼⑤不？"

　　"如是，世尊！如来有佛眼。"

〔今　译〕

　　"须菩提！你认为如何呢？如来有肉眼吗？"

　　"是这样，世尊！如来有肉眼。"

　　"须菩提！你认为如何呢？如来有天眼吗？"

　　"是这样，世尊！如来有天眼。"

　　"须菩提！你认为如何呢？如来有慧眼吗？"

　　"是这样，世尊！如来有慧眼。"

　　"须菩提！你认为如何呢？如来有法眼吗？"

"是这样，世尊！如来有法眼。"

"须菩提！你认为如何呢？如来有佛眼吗？"

"是这样，世尊！如来有佛眼。"

〔注　释〕

①　肉眼：指世人的眼睛。肉眼的观察能力比较受局限，见近不见远，见前不见后，见外不见内，见昼不见夜，见上不见下，所以应当进一步修得天眼。

②　天眼：指天界众生的眼睛，或由禅定境界修得之眼。天眼的观察能力大大扩展，犹如望远镜、放大镜、显微镜、透视镜、夜视镜，远近、前后、内外、昼夜、上下都能看清。但天眼所见的仍是事物因缘和合的表相，所以应当进一步修得慧眼，看清事物的实质。肉眼和天眼是生理上的视觉器官，而慧眼、法眼、佛眼则纯粹是认识事物本质的智慧观察力。

③　慧眼：指看清因缘和合的现象实质上都是空性的智慧观察力。慧眼看清了现象的共同本质，即作为诸法实相的空性，所以对于现象不再迷惑、执著，坚定地走上解脱之道。但此时对于千差万别的现象的特性还不十分了然，故而虽然自己能迈向解脱，但度化众生的能力则不足，因此需要进一步修得法眼。

④　法眼：指看清缘起性空的各种现象是如何在因缘条件下呈现出种种差别特性的智慧观察力。对于因缘和合的现象，法眼不仅看到它实相的缘起性空，而且看到表相的和合幻有，认识到各种现象的特性，从而能根据众生的不同根性，解答他们的种种疑惑，度化众生。法眼虽然对于所观察的事物能够清晰了别，但尚不能对一切众生的根性悉知悉见，不能对一切现象的差别悉知悉见，所以应当进一步修习圆满的佛眼。

⑤　佛眼：指彻底认识世间一切现象、无所遗漏、无所欠缺的智慧观察力。佛眼无所不知、无所不晓，完满无缺。

慧眼、法眼、佛眼，都是从智慧的观照能力强弱来区分，属于心法。声闻有慧眼，能通达诸法无我空性；菩萨有法眼，不但能通达空性，还能从空出假，看见如幻缘起的无量法相，因而可以适应时机，以种种法门化度众生；而佛眼则更超菩萨，"唯佛与佛，乃能究尽诸法实相"，空假不二，圆见中道。

〔原　文〕

"须菩提！于意云何？恒河中所有沙，佛说是沙不？"

"如是，世尊！如来说是沙。"

"须菩提！于意云何？如一恒河中所有沙，有如是等恒河，是诸恒河所有沙数，佛世界如是，宁为多不？"

"甚多，世尊！"

佛告须菩提："尔所国土中，所有众生，若干种心^①，如来悉知。何以故？如来说诸心，皆为非心，是名为心。所以者何？须菩提！过去心不可得，现在心不可得，未来心不可得。"

〔今　译〕

"须菩提！你认为如何呢？恒河中所有沙，佛说它们是沙吗？"

"是这样，世尊！如来说它们是沙。"

"须菩提！你认为如何呢？假如有像一条恒河中所有沙的数量一样多的恒河，那么像这些恒河里所有沙的总数一样多的佛世界，是不是很多？"

"很多，世尊！"

佛告诉须菩提："这么多世界中，所有众生，他们的种种心思，如来完全知道。为什么呢？如来所说的一切心，都不是（实有自性的）心，所以称为心。为什么这样呢？须菩提！过去心不可得，现在心不可得，未来心不可得。"

〔注　释〕

　　① 若干种心：种种心思。梵文本作"种种心相续"，即各种心理活动。

〔解　析〕

　　第十八分到第二十四分，可以视为一组。这一单元，讲的是修行究竟菩提，圆满证得法身的功德，分别从知见圆明（第十八分）、福德众多（第十九分）、身相具足（第二十分）、法音遍满、信众殊胜（均在第二十一分）、正觉圆成（第二十二、二十三分）几个方面阐述，最后以校量功德作结（第二十四分）。

　　这一分名为"一体同观"，呈现修证菩提获得究竟成果之后的所知所见。

　　一般人会误会，证入诸法空性以后空空荡荡，一无所知。为显示如来的悉知悉见，这里先以五眼层层递进说明佛陀知见的圆满，"唯佛与佛，乃能究尽诸法实相"。接着以本经惯用的比况手法，形容如来知见的不可思议：观想恒河中每一粒沙即是一恒河，如此恒河沙数的恒河，观想其中每一粒沙即是一个世界，如来所化的世界犹如此数。其中无量众生的每一心行，如来悉能知见！试想，这佛国世界数量已是无量无边，其中一一世界都有无量众生，每一众生的心念刹那生灭、念念不住，可谓每一众生都有无量心念。而如来居然能够对每一心念都悉知悉见，这的确只能以不可思议形容！大乘佛典中的种种禅观意象，不信者自然可以一笑了之，即使是试图去严肃理解它的人，也会觉得难以信受。事实上，它总是让想走近去理解的人产生晕眩的感觉。

　　"过去心不可得，现在心不可得，未来心不可得"，这也是《金刚经》中的名句。以"道得一棒，道不得也一棒"的峻急禅风闻名中外的德山宣鉴禅师，他从一般佛教学者转入禅宗的因缘，据说就与此句有关。

　　《五灯会元》记载：德山宣鉴禅师俗姓周，本来是教下精通律典和大乘经典的法师，对于《金刚经》尤其擅长，被称为"周金刚"。他对于

金刚经译注

平生所学十分自负，曾对同学说："一毛吞海，海性无亏；纤芥投锋，锋利不动。学与无学，唯我知焉。"意思是对于大乘不二法门的宗旨已有深切的认知。因此当他听说南方禅宗大兴，宣扬顿悟成佛的法门，很不以为然地说，出家人千劫学习佛的威仪，万劫学习各种细小的行为规范，尚且未必成佛，南方的这些魔子魔孙居然敢说"直指人心，顿悟成佛"！我要荡平他们的巢穴，剿灭这些魔兵，来报佛恩。于是就挑着《〈金刚经〉青龙疏钞》离开四川去湖南。《青龙疏钞》是青龙寺道氤法师疏释唐玄宗《御注金刚经》的注释书，在当时的《金刚经》注疏中最为流行。周金刚带着它，是准备用世人皆知的《金刚经》常识来教训禅师。江西、湖南是当时禅师最集中的地方，奔走两地学禅的出家人往来如织，称为"走江湖"。因此他直奔湖南，有直取老巢的意思。在去往澧阳路上，他看见路边有一个卖饼的老婆婆，就歇下来买点心。老婆婆见他挑着《金刚经》的注疏，就说："我有一个问题请教。您若答得上来，这点心就当是我布施您的了；若答不上来，那就请到别处去买吧。《金刚经》不是说'过去心不可得，现在心不可得，未来心不可得'吗，您要点心，不知道点的是哪个心呢？"结果周金刚答不上来，等于是还没见到正主，就先挨了一闷棍。

虽然玄宗朝将《金刚经》与《道德经》、《孝经》一起颁行天下，作为儒释道三教各自的代表性经典，让天下人学习，但说连路边卖饼的老太太都熟读《金刚经》，还是不免有些夸张之处。此前《景德传灯录》中记载德山宣鉴的生平，就没有这则故事。《五灯会元》的作者加入这则故事，当然是出于修辞的需要，来凸显"明心见性，顿悟成佛"的禅思想单刀直入的痛快淋漓。

三世心不可得，当然是因为心念念不住，无时不刻不在生灭变化之中。在三世中求心自性了不可得，只有如幻的假名，所以说诸心非心。这道理，说说似乎容易，但要证得却不易，唯有诸佛如来才能究竟无碍地明见它。

法界通化分第十九

〔原　文〕

"须菩提！于意云何？若有人满三千大千世界七宝以用布施，是人以是因缘，得福多不？"

"如是，世尊！此人以是因缘，得福甚多。"

"须菩提！若福德有实，如来不说得福德多；以福德无故①，如来说得福德多。"

〔今　译〕

"须菩提！你认为如何呢？如果有人用堆满三千大千世界的七宝来进行布施，这人因为这样做的缘故，获得的福祉是不是很多？"

"是这样，世尊！这人因为这样做的缘故，获得的福祉很多。"

"须菩提！如果福祉功德是实在的，如来就不会说获得福祉功德很多；因为福祉功德不是实在的，所以如来说获得福祉功德很多。"

〔注　释〕

①　福德无故：因为福德是没有实在性的缘故。这里的"福德无"，不是"没有福德"，而是"福德无（实）"的简略表述，与前文的"福德有实"相对。

〔解 析〕

修证佛果，需要福慧双修。等到成佛证果的时候，福德和智慧两方面的修行就都完满了。上一分讲如来的智慧圆满，这一分接着讲如来的福德众多。

从如来证得的圆满智慧来看，般若毕竟空中一切法都没有实在的自性可得。即使是成佛证果所成就的智慧和福德，也一样是空无自性的。正因为如来的一切福德，都融汇于这无边无际、不可穷竭的空性大海，所以如来说证得空性的福德众多。若是将福德执为实有，那么即使用遍满大千世界的七宝来布施，所得的功德再大，也终归有限。

这一分意在阐明：如来所成就的福德，正是因为与般若智慧相应，契入空性，所以才真正不可胜数，无有穷尽。

后世禅宗灯录，编撰菩提达摩与梁武帝之间关于功德的一段公案，就是脱胎于这一分的思想。《景德传灯录》记载，梁武帝问达摩：我自从登基以来，兴造佛寺、令人抄写佛经、剃度僧人，凡此种种弘扬佛法的事业不可胜数，请问有何功德？达摩回答说：并无功德。梁武帝不解。达摩解释说，这样做仅仅能获得人天福报，其功德随着时间推移会逐渐漏失。真正的功德"净智妙圆、体自空寂"，不可以用世俗的积累功德的方法来求得。梁武帝对达摩的回答不能理解，而达摩也意识到与梁武帝不相契，于是一苇渡江，飘然而去。达摩所谓"净智妙圆、体自空寂"的真功德，便是《金刚经》这一分所说的契合空性的功德。

法界通化分第十九

离色离相分第二十

〔原　文〕

"须菩提！于意云何？佛可以具足色身①见不？"

"不也，世尊！如来不应以具足色身见。何以故？如来说具足色身，即非具足色身，是名具足色身。"

"须菩提！于意云何？如来可以具足诸相见不？"

"不也，世尊！如来不应以具足诸相见。何以故？如来说诸相具足，即非具足，是名诸相具足。"

〔今　译〕

"须菩提！你认为如何呢？可以从完美的身体而看见佛吗？"

"不可以，世尊！对如来不应当从完美的躯体去看。为什么呢？因为如来所说的完美的躯体，就不是（实有自性的）完美的躯体，所以称为完美的躯体。"

"须菩提！你认为呢？对于如来可以从其身体具备各种伟人体征去看吗？"

"不是的，世尊！对于如来不应该从他身体具备各种伟人体征去看。为什么呢？因为如来所说的各种伟人体征具备，就不是（实有自性的）具备，所以称为各种伟人体征具备。"

〔注　释〕

①　具足色身：参照梵文本，可以理解为"具足身相的色身"的简略表述。这里意译为"完美的躯体"。

"具足色身"在玄奘译本中的相应表述为"色身圆实"。"圆实"是"圆满自足，不借他缘"的意思。佛教界有一种意见认为，如来的法身是不借因缘而圆满具足各种色相的。

〔解　析〕

这一分讲如来的法身离色离相，而又身相具足。

佛教界有一种意见认为，如来的法身是圆成实性的，即不借因缘而圆满具足各种色相。但依照《金刚经》宣示的般若空性智慧，"一切贤圣，皆以无为法而有差别"。如来的法身也是如此，是缘起假名而毕竟空寂的，并没有圆成实体可得。如来的法身，在真实体性上，是指诸法的实相，也就是平等的空性，因此是无相可寻的。但体现在现象上，这种平等的空性遍满法界，无所不赅，因此也可以说如来的法身是色身无边、音声遍满十方的。学佛者应当透彻地认知，不应以具足三十二相、八十种好的完美色身去理解如来的法身；但同时又了知毗卢遮那佛的法身遍满法界，随缘而现，为有缘众生说法。

非说所说分第二十一

〔原　文〕

"须菩提！汝勿谓如来作是念：'我当有所说法。'莫作是念。何以故？若人言，'如来有所说法'，即为谤佛[1]，不能解我所说故。须菩提！说法者，无法可说，是名说法。"

〔今　译〕

"须菩提！你不要说如来有这样的念头：'我应当宣说教法。'不要生起这样的想法。为什么？如果有人说：'如来宣说了教法'，那他就是毁谤佛。这是他不能正确理解我所说的法的缘故。须菩提！所谓说法，实际上没有法可以宣说，这才称为说法。"

〔注　释〕

①　谤佛：毁谤佛陀或佛法。这里指前者。

〔原　文〕

尔时[1]，慧命[2]须菩提白佛言："世尊！颇有众生，于未来世，闻说是法，生信心不？"

佛言："须菩提！彼非众生，非不众生[3]。何以故？须菩提！众生、众生者，如来说非众生，是名众生[4]。"

〔今 译〕

这时，长老须菩提禀告佛说："世尊！会有若干众生，在未来世，听闻宣说这样的法，产生信心吗？"

佛陀说："须菩提！他们不是（实有自性的）众生，也不是（实有自性的）非众生。为什么呢？须菩提！所谓众生，如来说不是（实有自性的）众生，所以是（假名的）众生。"

〔注 释〕

①　尔时慧命须菩提……是名众生：唐以前流通的罗什译本没有这段文字。关于这段文字的增入缘由，古代解经者有个比较离奇的传说：

唐长庆二年（822），长安温国寺的灵幽法师暴死，在地府见到阎罗王。阎罗王知道他常诵持《金刚经》，便请他朗诵。待他读后，阎罗王告诉他，其中少了一段，完整的真本在濠州钟离寺石碑上，可去查对，周知世人。灵幽法师还魂以后，向朝廷报告了这件事，于是后世的流通本就增入了这一段。

这当然是佛教徒故作神秘的说法，但这个传说出现很早，晚唐天复八年（908）就已广为流传，说明当时增添本应该已有相当程度的流通。

根据学者的研究，这段文字是采用北魏菩提流支译本的相关文句增加的。唐以前僧肇的注释本（可信度存疑，可能是后人伪托的）、唐玄宗天宝元年（742）的房山石经本、唐穆宗长庆四年（824）的柳公权写本、华严宗祖师宗密的《金刚经疏论纂要》所引，都没有这段文字。敦煌本《金刚经》诸写本大部分也都没有。最早提倡根据流支译本增加这段文字的是玄奘的高足窥基，但当时未得到普遍遵循。唐咸通九年（868）王玠出资雕版的《金刚经》是现存最早的有确凿纪年的雕版印刷典籍（现藏于大英图书馆），其中已加入这段。罗什译本的流通本普遍加入这段文字，应该是晚唐以后，特别是南唐时期道颙的石刻本以后的事情。

②　慧命：在此处是长老（āyuṣmat）一词的另一种译法，是对长辈的亲切称呼，直译作"具寿"。"慧命"含有"智慧深厚、以慧为命"的意

思。古德认为，须菩提深解空性，空慧为命，故称其为"慧命"。又，佛的法身以智慧为寿命，智慧消失，法身也就不存在了，因此佛教将传承佛陀的教导、发扬佛陀的智慧视为对佛陀生命的延续，称之为"续佛慧命"。

日本著名佛学学者宇井伯寿指出，此处以"慧命"替代"长老"，是因为这段文字取自菩提流支译本，该译本采取"慧命"的译法（宇井伯寿：《金刚经和译》，《名古屋大学文学部研究论集》ⅩⅪ，1958，p.35）。

③ 彼非众生，非不众生：他们不是（实有自性的）众生，也不是（实有自性的）非众生。针对一般人认为众生实有自性，佛陀说没有实在的众生（"非众生"）；针对一些修行者误解"非众生"之意，执著众生的空相，以为连缘起的众生相也没有，佛陀说"非不众生"，即不是非众生。前句"非众生"是对众生性的否定；后句"非不众生"，是对"非众生"性的否定。

"非不众生"，梵文本作 na a-sattvās，直译作"不是非众生"。

④ 众生、众生者，如来说非众生，是名众生：所谓众生，如来说不是（实有自性的）众生，所以是（假名的）众生。

"众生、众生者"，梵文本和其他译本大都如此，历代注家有很多解释，均觉牵强。这一句玄奘译本作"一切有情者，如来说非有情，故名一切有情"，比较简明。这里也据此翻译。此句仍属于本经一再出现的"即非"句式（参见第五分〔解析〕），表解如下：

众生、众生者——如来要教导大家认识的众生——缘起
如来说非众生——不是实有自性的众生————缘起性的空寂
　　　　　　　　　　　　　　　　　　　（最高真理、胜义谛）
是名众生————是假名的众生————————缘起相的存有
　　　　　　　　　　　　　　　　　　　（相对真理、世俗谛）

〔解　析〕

　　这一分，旨在阐明功德圆满的法身说法，在真实体性上无法可说，在事相表现上则有法音广流，遍满法界。

　　因为诸法实相离言说相，不落言诠，所以说法即无法可说。无法可说但又恒顺众生而随类说法，使众生从言语文字的表达中去体会如来无法可说的本旨。

　　禅宗强调教外别传，不立文字，所以很多禅师特别欣赏这一分中"若人言，'如来有所说法'，即为谤佛"这一句，喜欢拈出"如来不曾说一字"来让学人参悟。

　　在未来世正法衰微的时候，会有众生听说法身的知见圆明、福德众多、身相具足、说法圆满之后，生起清净的信心吗？佛陀对此加以肯定。——唐以前流通的罗什译本没有这部分内容，加进来以后文义更加完备。

非说所说分第二十一

无法可得分第二十二

〔原 文〕

须菩提白佛言:"世尊! 佛得阿耨多罗三藐三菩提,为无
所得耶?"

"如是,如是。须菩提! 我于阿耨多罗三藐三菩提乃至无
有少法可得,是名阿耨多罗三藐三菩提。"

〔今 译〕

须菩提禀告佛陀说:"世尊! 佛证得无上正等正觉,是无所证
得吧?"

"是这样,是这样。须菩提! 我对于无上正等正觉甚至没有一点点
法可以证得,所以称为无上正等正觉。"

〔解 析〕

这一分是从究竟菩提空无所得的角度,阐明法身的正觉圆成。

积累智慧和福德,修成究竟菩提,所感得的法身,在现象上的呈现
是"身相无边满大千,法音广流十法界",如此现身说法,也有上根大
机菩萨信受。这种不思议的法身,是修集完善,同归无所得,证无上正
觉的果报。

《心经》中说,观自在菩萨在般若现观中,照见一切皆空,"无智亦
无得,以无所得故"。能观的般若正智,和所证的终极真理,都同归于
空寂,因为毕竟空中了无所得。《心经》所阐明的也是这个道理。

净心行善分第二十三

〔原　文〕

　　"复次，须菩提！是法平等，无有高下，是名阿耨多罗三藐三菩提。以无我、无人、无众生、无寿者，修一切善法①，则得阿耨多罗三藐三菩提。须菩提！所言善法者，如来说非善法，是名善法。"

〔今　译〕

　　"还有，须菩提！这法是平等的，没有高(如佛陀)和下(如凡夫)的差别，所以称为无上正等正觉。因为没有我、人、众生、寿者，(以这样平等的心而)修行一切善法，就得到无上正等正觉。须菩提！如来所说的善法，就不是(实有自性的)善法，所以称为善法。"

〔注　释〕

　　①　善法：一切导人向善、增进人的幸福的道理和方法。五戒(不杀、不盗、不邪淫、不妄语、不饮酒)、十善(不杀、不盗、不邪淫、不妄语、不两舌、不恶口、不绮语、不贪、不嗔、不痴)是世间的善法，可获得人间或天界的幸福；三学(戒、定、慧)、六度(布施、持戒、忍辱、禅定、精进、智慧)是出世间的善法，可以导向解脱。

〔解　析〕

　　这一分，是继续阐明法身的正觉圆成，但侧重从法性的平等立论。

如来法身的无上正等觉，是无所得的妙智，契会无所得的真如法性，一切皆归于无所得的平等空性。所以，在法身的正觉中，一切法平等而无高下之别，在佛不增，在凡不减。

　　"是法平等，无有高下"，是《金刚经》中经常被人称颂的名句，宋以后禅宗公案中拈举这一句的也特别多。这说来容易，但对于修行者特别是初学者而言，在实际修行中如何才能与究竟平等的法性相应呢？下手工夫还是要回到经中一再提撕的"无住其心"、"诸相非相"上来。所以经文接下来再次叮咛，无我、人、众生、寿者四相而修一切善法，则得最高觉悟。"诸恶莫作，众善奉行，自净其意，是诸佛教"，这首偈被称为七佛通偈，也就是说古往今来的一切诸佛，都是以此教化众生。从无上菩提的修习而言，在修一切善法、奉行众善之时，必须时时刻刻以般若空性智慧校准方向，始终以无我、无人、无众生、无寿者来检验自己的心行，始终抱着无所得的心态为善去恶，这样才是深解一切善法的空性。

福智无比分第二十四

〔原　文〕

"须菩提！若三千大千世界中所有诸须弥山王，如是等七宝聚，有人持用布施；若人以此《般若波罗蜜经①》，乃至四句偈等，受持读诵，为他人说，于前福德百分不及一，百千万亿分②，乃至算数譬喻所不能及。"

〔今　译〕

"须菩提！如同三千大千世界中所有的最高山须弥山堆积起来，这么多的七宝堆积起来，有人拿来用作布施；另有人以这部《般若波罗蜜经》，哪怕只是其中的四句偈，领受、持守、朗读、念诵，为他人宣说，前者的福祉功德，与他相比不到百分之一，不到百千万亿分之一，甚至各种计算方法、数目、譬喻都不能与之相比。"

〔注　释〕

①　般若波罗蜜经：于阗译本作"金刚能断经"。

②　百千万亿分：百千万亿分之一。梵文本无此句。比照第十六分的同类句式，也可以理解为"百分之一、千分之一、万分之一、亿分之一"的简化表述。参见本书第111页注⑧。

〔解　析〕

这是本经第五次校量功德，也是第十七分之后修学方便道部分的第一次校量功德。般若道中说以充满三千大千世界的七宝做布施，这里说聚集大千世界中所有须弥山那么高的七宝拿来布施，以校量读诵或为他人宣说本经四句偈的功德。用来作比较的参照物虽然有别，但都是要说明信受般若法门的功德无与伦比。

化无所化分第二十五

〔原　文〕

　　"须菩提！于意云何？汝等勿谓如来作是念：'我当度众生。'须菩提！莫作是念。何以故？实无有众生如来度者。若有众生如来度者，如来则有我、人、众生、寿者。须菩提！如来说有我者，则非有我，而凡夫之人①以为有我②。须菩提！凡夫者，如来说则非凡夫③。"

〔今　译〕

　　"须菩提！你认为如何？你们切勿说如来有这样的念头：'我应当救度众生。'须菩提！别生起这样的念头！为什么呢？实际上没有众生是如来救度的。如果有众生是如来救度的，那么如来就有关于我、人、众生、寿者的观念。须菩提！如来所说的执有关于我的观念，就不是（实有自性的）执有关于我的观念，然而凡夫却认为是（实有自性的）执有关于我的观念。须菩提！所谓凡夫，如来说就不是（实在的）凡夫（而是尚处于烦恼束缚中的未来佛）。"

〔注　释〕

　　①　凡夫之人："凡夫"，指未断烦恼、未解脱生死之人。凡夫之所以未断烦恼，是因为缺乏智慧，所以又称为"愚夫"。

　　此处笈多译本作"小儿凡夫"，玄奘译本作"愚夫异生"，义净译本作"愚夫众生"。日本学者宇井伯寿认为，原文没有鄙视的意思，只是指"智慧尚未开发之人"。

② 有我者，则非有我，而凡夫之人以为有我：执有关于我的观念，就不是(实有自性的)执有关于我的观念，然而凡夫却认为是(实有自性的)执有关于我的观念。此句梵文本直译作"所谓我执，被如来说为非执，但被凡夫执著"，意为：对于自我的观念，如来看到它的非实在性，即空性，但凡夫却执著于自我观念的实在性。本书翻译时为随顺罗什译本，将"有我"译为"执有关于我的观念"，其含义等同于"我执"。

③ 凡夫者，如来说则非凡夫：梵文本直译作"凡夫，如来说即非凡夫，故名凡夫"。对于凡夫，如来看到他们的凡夫性也不是实在的，凡夫的非实在性，也就是凡夫的空性，用正面的表述也就是觉性、佛性。所以如来说凡夫，也不是实在的凡夫，只要解除不实在的凡夫性，即束缚他们的烦恼，他们就能成佛。

〔解　析〕

从第二十五分到第三十一分，可以视为一个意义单元。这个单元是从化身佛的角度来谈方便道的修习。

这里所谓的化身佛，不是指随所需教化的众生类别而应机示现的化身佛，而是示生人间、游化人间，从出生、出家到成道、转法轮、入涅槃的化身佛，即释迦牟尼。游化人间的佛陀，有化众(所教化的众生)、化主(释迦牟尼)、化处(所教化的国土)、化法(教化之法)四事，这一单元便是次第论说这四方面。

这一分是谈化众。

佛陀现证诸法性空，无众生可度，当然不会有"我在度化众生"这样的想法，否则岂不执有我等四相？但为教化众生，也还随俗说法，也说我如何如何。但佛陀虽然随顺众生说人说我，却不会产生我执，始终了知此假我并无自性，所以假我即是非我。然而那些凡夫却不能理解佛陀顺俗说假我的用意，以为佛陀是真实有我，因而产生妄执。

但是，对这些纠缠于我执的凡夫，如来也不会抛弃他们，依然会恒顺众生而说法。因为如来知道，"是法平等，无有高下"，这些不断烦恼的凡夫也有佛性，是尚处于烦恼中的未来的如来。佛陀彻见凡夫的非凡夫性（即凡夫的空性，也就是凡夫的佛性），这些凡夫只要解除烦恼的束缚，就会解脱成佛，并无实在的凡夫性可言。

法身非相分第二十六

〔原　文〕

"须菩提！于意云何？可以三十二相观如来不？"

须菩提言："如是，如是，以三十二相观如来①。"

佛言："须菩提！若以三十二相观如来者，转轮圣王②则
是如来。"

须菩提白佛言："世尊！如我解佛所说义，不应以三十二
相观如来。"

尔时，世尊而说偈言：

"若以色见我，

以音声求我，

是人行邪道，

不能见如来③。"

〔今　译〕

"须菩提！你认为如何呢？可以从三十二种伟人体征来看如来吗？"

须菩提说："是这样，是这样！可以从三十二种伟人体征来看
如来。"

佛陀说："须菩提！如果可以根据三十二种伟人体征来看如来，那
么同样具有三十二种伟人体征的伟大帝王也是如来了。"

须菩提禀告佛陀说："世尊！按照我对于佛所说教义的理解，不应

当以三十二种伟人体征来看如来。"

这时，世尊宣说了这样的诗偈：

"如果从色身来见我，

从声音来寻找我，

这样的人是走了一条错误的路，

不能见到如来。"

〔注　释〕

①　以三十二相观如来：此处罗什译本与其他各种汉译本恰好相反，其他各本都是说不应以三十二相见如来。一般认为是罗什译本在流传过程中出现了讹误，也有人认为是罗什所据的梵文本就已经出现了差错。还有一种解释是，须菩提知道法身佛是不可以执相而求的，但对于化身佛，世俗都以为是果德圆满而具有三十二相的，所以须菩提也认为可以从身相见化身佛。经佛陀纠正之后，他马上认识到自己的错误。笔者认为，此处据其他各译本理解比较平实，但尊重流通本的现状，翻译和解析时随顺罗什译本，不作改动。

②　转轮圣王：古印度文化所想象的理想统治者，在转轮圣王统治下，国家统一强大，人民丰衣足食，社会安宁和乐。这样的转轮圣王出现时，会有种种征兆，首先是他本人要具备种种非凡人物的体貌特征，即三十二相(参见本书第34页注①)，其次是会有轮宝、象宝、马宝、珠宝、女宝、主藏臣宝、主兵臣宝等七宝出现于世间。其中从天感应所得的轮宝是一种武器，转轮圣王据此征服全印度。转轮王根据能力大小分为金、银、铜、铁四种。佛陀时代，转轮圣王说十分盛行。印度教、佛教、耆那教都有这种观念。

有学者认为，转轮王所转之轮，其实是战车之轮的神化。佛陀时代铁器得到广泛使用后，转轮王以军事实力实现国家统一，城邦共和制消退，君主制国家兴起。转轮王的理想是社会现实在人们政治观念中的反映。四种转轮王的区别是军事实力和版图大小的差别，类似于我国春秋战国时代千乘之国、万乘之国的差别。不过，后世转轮圣王被进一步神化，所转之轮也被解释成法轮。人们相信他是不用武力，只藉由正义原则（法）来统治整个世界的理想君主。

　　③　若以色见我，以音声求我，是人行邪道，不能见如来：如果从色身来见我，从声音来寻找我，这样的人是走了一条错误的路，不能见到如来。因为无论是从身形还是从声音来认识如来，都还是执著于如来的具体形相，与如来真实的体性（空性）、真实的体相（诸相非相的实相）不符合，所以不能见到真正的如来。义净译本此偈译作"若以色见我，以音声求我，是人起邪观，不能当见我"，更加强调按照错误的认识观（邪观）不能正确地见到如来的含义，凸显了正确的认识观——般若正观的重要性。

　　这一偈颂，也见于汉译《离垢施女经》、《阿阇世王女阿述达菩萨经》、《得无垢女经》。

　　又，本偈之后，其他各汉译本和梵文本还有一偈，梵本直译作："依法能见佛，导师法为身，法性非所识，故其不可知。"玄奘和义净译本均作："应观佛法性，即导师法身，法性非所识，故彼不能了。"流支和真谛的译本均作："由法应见佛，调御法为身，此法非识境，法如深难见。"上述《阿阇世王女阿述达菩萨经》中偈作："见我色者，闻我声者，愚痴不信，是人不见。以法见佛，佛者法身，法者难晓，已是巨见。"与此吻合。

〔解　析〕

　　从第二十六分到第二十九分，是在谈如何理解化身佛的身相。这一分是正说身相。对于法身佛不能从身相去认识，这一点须菩提已有认识，但对于化身佛，他还是不免像一般人那样，认为是具有三十二相的。经佛陀提醒，他马上认识到自己的错误。

　　最后，佛陀以诗偈重申，化身佛也不可以色见声求。这首偈和早期佛教文献《长老偈》中第 469 则的跋提（Lakuṇṭaka Bhaddiya）长老偈大致

金
刚
经
译
注

148

相同。该偈直译为:"根据外貌量我者,根据声音求我者,这些被贪欲迷惑者,不知我。"(邓殿臣先生译为:"有人厌我貌,有人喜我声;人若迷于欲,无以知实情。")这位长老身材短小,人称"侏儒跋提",但声音洪亮,在佛陀的常随弟子中"妙音第一"。这首偈本意在于婉转讽喻以貌取人、以声取人的做法不可取,应该根据内在的德行与修为来认识一个人。我们从这首偈也可以看到大乘般若经典与早期佛教的关联。

法身非相分第二十六

无断无灭分第二十七

〔原　文〕

　　"须菩提！汝若作是念：'如来不以具足相故，得阿耨多罗三藐三菩提。'须菩提！莫作是念：'如来不以具足相故，得阿耨多罗三藐三菩提。'"①

　　"须菩提！汝若作是念：'发阿耨多罗三藐三菩提者，说诸法断灭相。'莫作是念！何以故？发阿耨多罗三藐三菩提心者，于法不说断灭相。"

〔今　译〕

　　"须菩提！你如果产生这样的念头：'如来不是因为具备完美体征，才证得无上正等正觉。'须菩提！别产生这样的念头：'如来不是因为具备完美体征，才证得无上正等正觉。'"

　　"须菩提！你如果产生这样的念头：'发求得无上正等正觉之心的人，会说各种法都有断灭的相状。'不要产生这样的念头！为什么呢？发起证得无上正等正觉之心的人，对于法不说它的相状是断灭的。"

〔注　释〕

　　①　须菩提！汝若作是念……得阿耨多罗三藐三菩提：这一段，如果按现存梵本直译，应作："须菩提，汝意云何，阿耨多罗三藐三菩提者，如来以相具足证得耶？须菩提，莫作是念！阿耨多罗三藐三菩提，

如来不以相具足证得。"语义与罗什译本相左，且更显豁易解（玄奘译本与梵本语义一致）。但对中国佛教真正发生影响的是通行的罗什译本，而不是现存的梵文本，所以本书的今译和解析，仍然是随顺罗什译本来作疏通。

〔解　析〕

这一分承续上一分，继续讨论化身佛的身相。

因为如来教导不能以三十二相观如来，所以不免有人会误会化身佛没有圆满具足三十二相。为拨正这种错误认知，如来说，绝不可以这样看。因为化身佛依据法身佛而生，智无不圆，福无不备，虽不可执著于身相，却又宛然具足三十二相。要是认为如来无需具备各种庄严身相就证得最高觉悟，那可就大错特错了。成佛证果，无非是福德和智慧的圆满，三十二相是福慧庄严的表征，如来证得最高觉悟，自然具足庄严身相。这正如《华严经》所说："色身非是佛，音声亦复然；亦不离色声，见佛神通力。"

佛陀又告诫须菩提，切不可认为发最高觉悟之心的大乘行者，会宣说诸法断灭。断灭论是破坏因果规律的。佛陀为了纠正众生执著于实在论、恒常论的错误观点，宣说不可以三十二相见如来；但这绝不是教导大家陷入断灭论，不信因果，认为不需要修集善法、感得三十二相庄严之身，就可以证得最高觉悟。要知道真正发大菩提心的菩萨，绝不会宣说断灭论来破坏因果，不会教人不用修习布施、持戒等善法而感得三十二相庄严。所以，不应该说如来不具足相而成佛。

宣说一切法空性，常常会被人误会为断灭论，甚至在佛门内部也是如此。究其原因，是由于我们根深蒂固的实在性思维，会把空性理解为否定一切事物的存在。而事实上，站在大乘中观学的立场，正因为诸法性空，这个宛然如是的如幻世界才得以成立。所以般若毕竟空，只是涤荡妄见，并没有陷入到虚无主义和断灭论的陷阱，相反是让这个世界更加清晰真实地呈现出来。龙树说得好："以有空义故，一切法得成；若无空义者，一切则不成。"（《中论·观四谛品》）

不受不贪分第二十八

〔原　文〕

　　"须菩提！若菩萨以满恒河沙等世界七宝布施；若复有人知一切法无我，得成于忍①，此菩萨胜前菩萨所得功德。须菩提！以诸菩萨不受福德②故。"

　　须菩提白佛言："世尊！云何菩萨不受福德？"

　　"须菩提！菩萨所作福德，不应贪著，是故说不受福德③。"

〔今　译〕

　　"须菩提！如果菩萨用可以堆满像恒河的沙子那么多数量的世界的七宝来布施，又另外有人了知一切法都是无我的，能够安然忍受一切法的实际相状，这后一位菩萨胜过前一位菩萨所得的功德。须菩提！因为各位菩萨不摄受执取福祉功德。"

　　须菩提问佛陀："世尊！为什么菩萨不摄受执取福祉功德呢？"

　　"须菩提！菩萨对于所造的福祉功德，不应该贪著，所以说他们不摄受执取福祉功德。"

〔注　释〕

　　① 忍：对真实状况的安然忍受。忍有很多种，对佛法坚信无疑，称为信忍；虽然没有亲知亲见，但能够随顺诸法的空性而修行，称为

(柔)顺忍；通达诸法不生不灭的空性，称为无生(法)忍。这里的忍，理解为泛指各种忍也说得通，但联系"知一切法无我，得成于忍"的上下文，参考梵文本直译作"于无我无生法中得忍"，应是指无生(法)忍。证得无生法忍，具体对应的菩萨果位，经典所说不一，这里不细究。

② 不受福德：不摄受、不拥有福祉功德。三论宗祖师吉藏法师解释说，不受福德，是不受有所得福德。"有所得"即是有所贪著，所以不受有所得福德，就是下文所解释的不贪著福德。梵文本相应文字直译为"福德的聚集不应被(菩萨)摄受、拥有"。

③ 菩萨所作福德，不应贪著，是故说不受福德：梵文本此处文句直译作：(福德)可摄受，不可取著，所以被称为摄受。与《金刚经》中频频出现的"如来说A，即非A，是名A"的即非句式相近。

〔解　析〕

证得无生法忍的菩萨，已经深解空性，所以他所得的功德远胜于以充满恒河沙世界的七宝做布施的大心菩萨。——这是本经第六次，也是方便道部分第二次校量功德。

佛陀说，处于无生法忍位的菩萨，不会摄受执取福德。须菩提不免疑惑：如果不摄受执取福德，怎么能成就无生法忍呢？佛陀进一步澄清，所谓不摄受执取福德，是因为彻见菩萨无我、福德性空，因而不以福德为实有其性，所以不贪著福德，不是说在事相上菩萨不拥有、不具备福德。

这是承续前一分的话题，破除以为菩萨不具备福德的断灭论谬见，拨正到虽具福德而不贪著的中道正见。

威仪寂净分第二十九

〔原　文〕

"须菩提！若有人言：如来若来若去、若坐若卧，是人不
解我所说义。何以故？如来者，无所从来，亦无所去，故名
如来①。"

〔今　译〕

"须菩提！如果有人说：如来（有）来、去、坐、卧（之相），那么这
人不理解我所宣说的教义。为什么呢？如来是不从什么地方来，也不到
什么地方去，所以称为如来。"

〔注　释〕

①　如来者，无所从来，亦无所去，故名如来："如来"，又译作
"如去"，是"如实而来、如实而去"的意思。"实"，是诸法实相，也就
是诸法空性。毕竟空中不生一相，所以也不会有世俗意义上的来去相。

又，这个句子，也可以视为"如来，非如来，（非如去，）故名如来"
的即非句式。

〔解　析〕

这一分，以行住坐卧的威仪，说明方便道修行中化身佛的真义。

佛陀现身于人间，在人间行教化，恒顺众生，与大众同样的来去出
入，同样的行住坐卧。但如来的真义，是"从如实法性而来"的意思，

来去坐卧都只是缘起的幻相，执著于这表相，并不能真的理解如来的真义。要来无所从，去无所至，彻见万法"如此"（suchness），这才名为如来。

一合离相分第三十

〔原　文〕

　　"须菩提！若善男子、善女人，以三千大千世界碎为微尘，于意云何？是微尘众①宁为多不？"

　　"甚多，世尊！何以故？若是微尘众实有者，佛则不说是微尘众。所以者何？佛说微尘众，则非微尘众，是名微尘众。"

　　"世尊！如来所说三千大千世界，则非世界，是名世界。何以故？若世界实有者，则是一合相②。如来说一合相，则非一合相，是名一合相。"

　　"须菩提！一合相者，则是不可说，但凡夫之人贪著其事。"

〔今　译〕

　　"须菩提！如果有品性良善的男子或女子，将三千大千世界粉碎成为微尘，你认为呢？这么一大堆微尘是不是很多？"

　　"很多，世尊！为什么呢？如果这一大堆微尘是实有的，佛就不说它是微尘堆。为什么呢？因为佛所说的微尘堆，就不是（实有自性的）微尘堆，所以称为微尘堆。"

　　"世尊！如来所说的三千大千世界，不是（实有自性的）大千世界，所以称为大千世界。为什么呢？因为如果世界是实有的，那么它就是一个统合整体的相状。而如来所说的一个统合整体的相状，就不是（实有自性的)一个统合整体的相状，所以称为(假名的)统合整体的相状。"

"须菩提！一个统合整体的相状，是难以言说的(不可说为实有自性的一个统合整体)，但是愚痴凡夫却贪恋执著这件事。"

〔注　释〕

①　微尘众：微尘的集合体。

②　合相：聚合体的相状。梵文本作piṇḍa-grāhas，是"合想"、"聚执"的意思，即对整体的执著。piṇḍa 是"聚"、"合"、"整体"的意思。

〔解　析〕

这一分讨论微尘与世界，实际上是在讨论教化的场所(化处)——化身佛所教化的世界的性质。

观大千世界而一一析解为微尘，这是析空观。佛陀也曾以此观法教导弟子，引导他们认识空性。但析空观是导入空性的方便法门，并不究竟。一部分的学佛者，如说一切有部的论师，反而根据修习析空观的禅观体验，认为总有不可分析的最小原子极微。这不免是错解佛意了。须菩提亲见空性，当然知道这种实有性的微尘论是不对的。但如果观察到自相有的微尘不成立，便以为没有微尘，以为基于微尘聚合的世界只是观念的产物，这种唯心主义的论断也是错误的。在佛陀看来，这还是不理解微尘的缘起性，与缘起性空、性空缘起的中观正见并不符合。仍然以图表说明中观正见的微尘观：

佛说微尘众——佛陀随顺世间、中道正说的微尘众——缘起
即非微尘众——不是实有自性的微尘众——————缘起本性的空寂
是名微尘众——所以是假名的微尘众——————缘起表相的幻有

了知微尘的空无自性而又宛然如是，同样的，对于微尘聚合而成的世界也应当作如是观。

知见不生分第三十一

〔原 文〕

"须菩提！若人言：佛说我见、人见、众生见、寿者见。须菩提！于意云何？是人解我所说义不？"

"世尊！是人不解如来所说义。何以故？世尊说我见、人见、众生见、寿者见，即非我见、人见、众生见、寿者见，是名我见、人见、众生见、寿者见。"

"须菩提！发阿耨多罗三藐三菩提心者，于一切法，应如是知、如是见、如是信解，不生法相。须菩提！所言法相者，如来说即非法相，是名法相。"

〔今 译〕

"须菩提！如果有人说：佛宣说关于我、人、众生、寿者的见解，须菩提！你认为呢？此人理解我所宣说的教义吗？"

"世尊！此人不理解如来所宣说的教义。为什么呢？世尊所说的关于我、人、众生、寿者的见解，就不是（实有自性的）我、人、众生、寿者的见解，所以称为关于我、人、众生、寿者的见解。"

"须菩提！发起证得无上正等正觉之心的人，对于一切法，应当这样知、这样见、这样相信理解，不产生（实有自性的）法的观念。须菩提！所谓关于法的观念，如来说它就不是（实有自性的）法的观念，所以称之为关于法的观念。"

〔解　析〕

这一分讨论教法的真实性，可以视为延续上一分的话题，阐明方便道修习中，教化之法（教法、化法）也是没有实在性的。

佛陀教化之法的特色，在于宣说"无我"。佛教的三法印当中，"诸行无常"和"涅槃寂静"，在其他宗教中也有此义，只不过佛教讲得更圆满更透彻，唯有"诸法无我"是佛教特有的教法，所以这里举其作为全体教法的代表，来说明教法之空。

佛陀是通过破斥各种形式的我见（我见、人见、众生见、寿者见）来宣说"人无我"的教法。如来宣说众生的我见，是为了让众生彻底明白它的空性，所以随顺众生而设立种种我见的名目。众生对于缘起的幻象执著其为自我，这种错误的我见是流转生死、不得解脱的根本原因。既然我见赖以产生的"我"都是虚妄的，我见当然也是虚妄不实的。这些教法是为了说明无我之义，如果众生把这些教法执为实有，既违背了佛陀本意，也与事实不符。

推而广之，一切佛法，都是为修行者的实践需要而说的，所以本经在层层解析一切法空无自性的道理之后，最后又归结到发菩提心的初学者应如何知见、如何信受奉行。"如是知，如是见"，这是偏重于认识的澄清；"如是信解"，是从认识进一步趋向信仰的实践。贯彻这认识和实践始终的，是"不生法相"，对一切法都不执著于它的实在性。所以，如来所说的种种法相，其实都是没有实在相的；正因为它们没有确定的实在相，所以佛陀才随顺世间而安立种种法相的名目。至此，佛陀将全经的说法归结到这次法会一开场就点明的主旨——无相或离相的般若法门。

应化非真分第三十二

〔原　文〕

　　"须菩提！若有人以满无量阿僧祇世界七宝持用布施，若有善男子、善女人发菩萨心①者，持于此经，乃至四句偈等，受持读诵，为人演说，其福胜彼。云何为人演说？不取于相，如如不动②。何以故？"

　　"一切有为法③，

　　　　如梦幻泡影，

　　　　如露亦如电，

　　　　应作如是观。"④

〔今　译〕

　　"须菩提！如果有人将充满无量无数世界的七宝拿来用作布施，另外如果有品性良善的男子或女子发起求菩萨道的心，持守此经，哪怕只是其中的四句偈，领受、持守、读诵、为他人讲演宣说，后者的福德要超过前者。如何为他人讲演宣说呢？应不执取相状，如如不动。为什么呢？"

　　"一切的有条件存在的事物，

　　　　犹如梦寐、（魔术变现的）幻像、泡沫、影子，

　　　　如同露珠，也如同闪电，

　　　　应当这样看待（这一切有条件的存在的事物）。"

〔注　释〕

① 菩萨心：清初刊刻的《嘉兴藏》本及后世流通本作"菩提心"，但明以前各种藏经刻本和写本一般均作"菩萨心"（只有黄庭坚书《金刚经》也作"菩提心"），文字虽异，意旨无别。

② 不取于相，如如不动：不执取（我相、法相、空相等）各种相状，安住于空性，寂然不动。"如如"，字面意思是"如其所如"，即按照事物的本然状态去认知事物。事物的本性是空性，所以可意译为"安住于空性"。"如如不动"是佛教徒熟悉的成语，所以今译中保留原文不作翻译。在中国佛教史上，天台、三论、禅宗等宗派一般将"如如"解释为法身、法性、实相、真如等的同义词，这是传统上主流的解释。另外，窥基法师将其析分为二，解释为"像真如那样"，代表了唯识宗的见解，也可参考。

另，"云何为人演说？不取于相，如如不动"这一句，在玄奘等汉译本中，对应文句为"云何为他宣说开示？如不为他宣说开示，故名为他宣说开示"，是本书所说的即非句式。两者文句不同，但含义是相通的，都是强调宣说《金刚经》时不能执著相状。

③ 有为法：原意为"被造作的事物"，指由于因缘而产生的、生灭变化的一切现象、存在。译为"有条件的存在的事物"。与无为法（即无条件的绝对存在）相对。

④ 一切有为法，如梦幻泡影，如露亦如电，应作如是观：这是《金刚经》中最有名的譬喻。梵本和除罗什译本以外的其他汉译本都有九个譬喻，罗什译本可能是出于偏好简洁的翻译风格而有意省略。

《金刚经》玄奘译本作为《大般若波罗蜜多经》第九会收于该经第五七七卷，同经第五七六卷第八会《伽室利分》结尾也有这一偈，两处译法稍有不同，兹对照罗列于下：

应化非真分第三十二

第九会《能断金刚分》	第八会《伽室利分》
诸和合所为	如星翳灯幻
如星翳灯幻	露泡梦电云

露泡梦电云	于一切有为
应作如是观	应作如是观

梵文本中这一首偈颂前面还有"如虚空中"（日本学者宇井伯寿认为是传抄过程中的衍讹）。这里据梵本直译如下：

如虚空中的星、翳、灯、

幻、露、泡、

梦、电、云一般，

应这样看有为（法）。

《金刚经》英译者孔泽（Conze）对九个譬喻的喻义有详细的解释，兹引述如下：

（1）如星：

a. 星星是遥不可及的，没有人可以抵达它们那里。它们像一切法一样是不可得的。没有人能得到它们，能拥有它们。

b. 在广大虚空的衬托下，它们是渺小、无足轻重的。

c. 只有当太阳不出现时，才看得到它们。就像太阳一发出光芒，群星就变得无法被看见那样，世间的事物也只能见于无知的黑暗中，且在真实无二的根本智生起后，心不再对它们有反应时，不再受注目。如世亲所说，所有的心法将会在证得正智时消失，如同太阳照耀时，星星便会消失那样。它们变得看不见了，且所有的邪见都停止了。

d. 另一方面，tārakā 一词亦可意谓"流星"。若那样，则因其存在极短暂，故其意义同于第八喻的"闪电"。

（2）如翳：

第二喻的"翳"（timira），可意指"黑暗"、"盲目"、"白内障"。无知的人常被喻为为黑暗所障碍而看不见的人。"无明透过无知见或邪知见令众生颠倒，正如白内障遮蔽眼睛一样"（VM583——按：指《清净道论》英译本中的相应文句）。"无明"的意义有：

a. 从知识来说，是一无所见，因无明对知见来说是一逆缘。

b. 从感情来说，是觉得迷失与畏惧。

c. 从意志来说，是遇到事情，失误，被激怒而想要知道事情的真相。世间对无明的人而言，有如一因眼疾而产生的幻象，且被误解的事物，大概与罹患肝病的人眼前所见的斑点一样真实，或者和为眼翳所苦的比丘自以为在其钵中看到头发一样真实。

（3）如灯：

"灯"的譬喻说明此世界的两方面：a. 只有添加燃料，灯才能继续明亮不灭。故惟有在我们仍有渴求时，世界才能持续存在。当渴望不再推动我们前进时，世界便走到了尽头。b. 在印度使用玻璃灯罩以前，灯容易被风吹熄。同样地，一有为法非常容易被其他有为法干扰，所以有为法的持续存在，显然都是朝不保夕的。

（4）如幻：

再者，世间的呈现就像一场魔术表演。它如同魔术表演那样，令我们迷惑、受骗，在与究极的真实比较之下，它是虚妄的。如世亲所说，事物不是可信赖的依据。有为法的世界被认为是无明所构成的，龙树在《大智度论》中指出，无明和魔术师变出来的东西都有如下的属性：它们都不在人之内，不在人之外，也都既不在人之内也不在人之外；因此它们不能被局限在与人的关系上；没有任何曾经生灭的事物是真实的；没有具真实自性的事物曾经发生。然而，无明虽非实有，却是各种活动的缘。同样地，魔术所变出来的乐器是空的、假的、不实有的、无客观基础的，但人们能听见它们所发出来的悦耳声音，并看见它们。

（按：《大智度论》相关原文为：a. 无明亦如是：虽不内有，不外有，不内外有；不先世至今世，今世至后世；亦无实性，无有生者、灭者；而无明因缘诸行生，乃至众苦阴集。如幻息，幻所作亦息；无明亦尔，无明尽，行亦尽，乃至众苦集皆尽。b. 是幻相尔，虽无根本而可闻见。）

（5）如露：

露，亦可能是白霜。它视气候而定。任何事物都很容易消逝，就像露水在阳光照耀下，会立即蒸发一样。

（6）如泡：

任何经验都像泡沫一样，会很快消失，它只能短暂地被享用而已。在佛教的经典中，泡沫此一非常不坚固的东西，常与受蕴相提并论。所有的乐受都依三个因素——享受者、可享受的事物以及享受——而存在，它们都会迅速消失。苦受亦然。

(7) 如梦：

只有开悟者能如实地觉知实相，与他们的实相观相比，我们平常的经验是不真实且不能当真的梦。龙树在《大智度论》中给予梦喻如下的解释：

a. 在梦境中没有任何实在的事物，但是，梦中的人相信他所看到的都是真实的。醒来后，才发觉梦的虚妄不实，并自嘲一番。正是如此，当一个人陷入不自在的生活所导致的如梦状态中时，他会相信不存在的事物。然而，当他发现正道，然后证悟时，他明白那些事物中没有实体，因而自嘲一番。

b. 藉梦境之力，做梦的人看到不真实的事物。正是如此，一个人藉着无明所导致的如梦状态之力，相信有诸如我、我所，以及男、女等种种实际上不存在的事物存在。

c. 在梦中，虽然没有令人愉悦、愤怒、害怕的事物，但人们依然会感到愉悦、愤怒、害怕。众生对世间的事物亦然。

（按，《大智度论》原文为："如梦"者，如梦中无实事，谓之有实，觉已知无，而还自笑；人亦如是，诸结使眠中，实无而著，得道觉时，乃知无实，亦复自笑。以是故言"如梦"。复次，梦者眠力故，无法而见；人亦如是，无明眠力故，种种无而见有，所谓我、我所，男女等。复次，如梦中无喜事而喜，无嗔事而嗔，无怖事而怖；界众生亦如是，无明眠故，不应嗔而嗔，不应喜而喜，不应怖而怖。）

因此，诸法就如同梦中所见的事物一般，虽然不存在，但还是会为我们所看见、听到并觉知。

(8) 如电：

任何事件就如闪电一般，都是短暂的。暂住后就又消逝了。

（9）如云：

最后，我们将以看炎夏浮云的心情来看事物。它们一直在改变它们的形状，但对我们而言，任何一个形状都和另一个形状一样好。因此，尘世景致的变化与我们并不相干。

（Conze, Edward 1958, The Diamond Sutra, Edited and Translated with Introduction and Glossary, London：George Allen and Unwin Ltd. pp. 68 - 76. 此处译文迻录自许洋主编撰的《金刚般若波罗蜜经·一·集注部》，561 - 564 页，台北：如实出版社，1996 年。）

〔原　文〕

佛说是经已，长老须菩提及诸比丘①、比丘尼②、优婆塞③、优婆夷④，一切世间天⑤、人、阿修罗⑥，闻佛所说，皆大欢喜，信受奉行⑦。

〔今　译〕

佛宣说这部经之后，长老须菩提及各位比丘、比丘尼、男居士、女居士，以及所有世间的天、人、阿修罗，听闻佛所宣说的教义，都十分欢喜，纷纷相信、领受、奉持、实践（佛所说的教义）。

〔注　释〕

①　比丘：佛教出家众僧团中，具备完全资格、享有完全责任和权利的男性成员。

②　比丘尼：佛教出家众僧团中，具备完全资格、享有完全责任和权利的女性成员。

③　优婆塞：男性在家信徒。意译为"清信士"、"近善男"。成为佛教信徒的最基本要求是皈依三宝，即皈依佛、皈依法、皈依僧，称为三皈依。皈依或归依，是"接受保护"的意思。归入佛教，依凭三宝，就能得到三宝的庇护。

④ 优婆夷：女性在家信徒。意译为"清信女"、"近善女"。俗语所谓善男信女，就是指信仰某个宗教的在家男女信徒。

比丘、比丘尼、优婆塞、优婆夷合称为佛教的四众弟子。僧伽（即佛教教团）的本义是上述全体佛教徒构成的共同体，但一般专指出家众。

⑤ 天：天界众生，又称天人，乃六道众生之一。参见本书第84页注③。

⑥ 阿修罗：六道众生之一，脾气暴躁，喜欢与天界众生争斗。参见本书第85页注⑤。

⑦ 闻佛所说，皆大欢喜，信受奉行：这是佛教经典结尾的套话。佛的智慧圆满，能让一切大众听法以后都心生欢喜。佛经中常用的表述是"法喜充满"。佛教的真理不但是正确的知识，而且是实践的智慧，所以更重要的是对佛法产生信心（信），接纳佛法（受）、记忆讽诵，并且按照所教导的去修行实践，佛教称之为"依教奉行"。佛教徒认为，对佛教经典不能停留在文字和思想的理解上，还必须依教奉行，才能续佛慧命，自利利他。

〔解　析〕

这一分可分为两部分。

到"应作如是观"为止，是前半部分。前半部分首先是校量功德，显示般若法门的可贵，以此勉励大众受持般若法门。这里特别突出了教化他人的要求，并提出了说法的原则。大乘佛教以利他为先，所以宣扬般若法门，让大众普受教化，续佛慧命，极为重要。

宣说般若法门，应当遵循的原则是"不取于相，如如不动"。因为诸相非相，所以不应取相。心不取相，即本经一再强调的心无所住。有的人误以为"心无所住"就是心思在一一事相上飘移不定，还以为这是潇洒飘逸，其实早就是被一一事相牵着走了，哪里还是不住于相！真正的不住于相，是深刻体认诸法不生、诸相非相，这种深刻的体认就是无生法忍，唯有安住于对法性——空性，或者说对诸法实相——如如——

金
刚
经
译
注

的正见中，才是真正的不住于相。不住于相，恰恰是因为安住于实相。心无所住，不是心思飘忽不定，相反，是如如不动。不动，就是不被扰动。住著于事相，心就会被妄想分别扰动，不能正确认识世界，这是烦恼和束缚的根本，所以《阿含经》中称之为"为魔所缚"。《大智度论》也说："不生灭法中，而作分别相。若分别忆想，则是魔罗网。不动不依止，是则为法印。"

但如如不动，不是枯寂窒塞，那样就成了滞著于非法相了。相反，因为心熄灭了妄想的扰动，所以灵动万端，能正确认识世界呈现的差别相，随缘应机说法。所以《维摩诘经》中说："能善分别诸法相，于第一义而不动。"

这一分的后半部分，从"佛说是经已"开始，属于本经的流通分。流通分是佛教经典末尾程式性的一部分，一般都是讲述佛陀付嘱弟子受持本经，使之流传后世，而听众则欢喜奉行。《金刚经》的流通分比较简略，但也符合这一程式。